EDITORA DO CONHECIMENTO

Auxiliando a humanidade a encontrar a Verdade

O EVANGELHO DO DIA

O Evangelho do Dia

Volume 3

Allan Kardec

CONHECIMENTO EDITORIAL LTDA.
Rua Prof. Paulo Chaves, 276 - Vila Teixeira Marques
CEP 13480-970 — Limeira — SP
Fone/Fax: 19 3451-5440
www.edconhecimento.com.br
vendas@edconhecimento.com.br

Tradução: Julieta Leite
Edição de texto: Margareth Rose Fonseca Carvalho
Organização e formatação: Dalmo Duque dos Santos
Ilustração da capa: Banco de imagens
Projeto gráfico: Sérgio Carvalho

ISBN 85-7618-219-1 — 1ª Edição - 2011

• Impresso no Brasil • Presita en Brazilo

Produzido no Departamento Gráfico da
EDITORA DO CONHECIMENTO
Fone: 19 3451-5440
e-mail: conhecimento@edconhecimento.com.br

Dados Internacionais de Catalogação na Publicação (CIP)
(Câmara Brasileira do Livro, SP, Brasil)

Kardec, Allan, 1804 - 1869.
O Evangelho do Dia, volume 3 / Allan Kardec ; organização e formatação Dalmo Duque dos Santos ; [tradução Julieta Leite]. - 1. ed. - - Limeira, SP : Editora do Conhecimento, 2011.

ISBN 978-85-7618-219-1

1. Espiritismo 2. Evangelho I. Santos, Dalmo Duque dos. II. Título

10-06505 CDD – 133.9

Índices para catálogo sistemático:
1. : Espiritismo : 133.9
2. Evangelhos : Exegese espírita 133.9

Allan Kardec

O EVANGELHO DO DIA

Volume 3

Organização e formatação:
Dalmo Duque dos Santos

1ª edição
2011

EDITORA DO CONHECIMENTO

Sumário

Apresentação

Caro leitor,

Este guia foi idealizado para facilitar a leitura, a reflexão e a reforma moral com base nos temas de ***O Evangelho Segundo o Espiritismo***, ilustrados por questões de ***O Livro dos Espíritos*** e, eventualmente, de ***O Livro dos Médiuns***.

Os conceitos do item **Vida Plena**, que é o Evangelho na prática, foram extraídos de diversas obras e experiências que procuram diferenciar o **pensar**, o **sentir** e o **agir** na transformação do comportamento humano. Essa dinâmica reflexiva é muito rica, tanto na aplicação individual como em grupo. Quando praticada, é necessário obedecer as etapas progressivas de autoconhecimento:

O que **penso** a respeito deste assunto?
Que **sentimento** tenho sobre o tema proposto?
Estou **disposto a mudar** minha forma de pensar, sentir e agir?
Por onde posso **começar** essa mudança?

Fé inabalável é somente aquela que pode encarar a razão de frente, em todas as eras da humanidade.

***

Os espíritos do Senhor, que são as virtudes dos Céus, tal qual um imenso exército que se põe em movimento ao receber um comando superior, posicionam-se por toda a superfície da Terra, e, como estrelas cadentes, vêm iluminar o caminho e abrir os olhos dos cegos.

Em verdade vos digo, são chegados os tempos em que todas as coisas devem ser restabelecidas em seu verdadeiro sentido, a fim de dissipar as trevas da ignorância, confundir os orgulhosos e glorificar os justos.

As grandes vozes do Céu ecoam como o som da trombeta, e os coros dos anjos a elas se juntam. Homens, nós vos convidamos a participar deste divino concerto! Que vossas mãos tomem a lira; que vossas vozes se unam, e, num hino sagrado, se façam ouvir e vibrar de um extremo ao outro do Universo!

Homens, irmãos a quem amamos, estamos junto de vós! Amai-vos também uns aos outros, e, fazendo a vontade do Pai, que está no Céu, clamai do fundo do vosso coração: "Senhor! Senhor!". Então, podereis entrar no reino dos Céus.

O Espírito de Verdade

Segunda-feira

Capítulo I
NÃO VIM REVOGAR A LEI

1. Não penseis que eu tenha vindo revogar a Lei ou os profetas. Não vim revogá-los, mas dar-lhes cumprimento, pois em verdade vos digo que o Céu e a Terra não passarão sem que tudo o que está na Lei seja perfeitamente cumprido, até um único jota e um único ponto. (MATEUS, 5:17 e 18).

O espiritismo

5. O *espiritismo* é a nova ciência que vem revelar aos homens, por meio de provas irrefutáveis, a existência e a natureza do mundo espiritual e suas relações com o mundo físico. Ele nos revela esse mundo espiritual, não mais como algo sobrenatural, e sim como uma das forças vivas e continuamente atuantes da natureza, como a fonte de uma infinidade de fenômenos até hoje incompreendidos, e, por isso mesmo, relegados ao domínio do fantástico e do miraculoso. É a essas relações que Jesus faz alusão em várias ocasiões. É esse o motivo pelo qual muitas coisas que Ele disse não foram totalmente compreendidas, ou foram erroneamente interpretadas. O espiritismo é, sem dúvida, a "chave elucidativa" com a ajuda da qual tudo se esclarece, com mais facilidade.

6. Moisés é a personificação da lei do *Antigo Testamento.* Jesus é a personificação da lei do *Novo Testamento.* O espiritismo é a terceira revelação da Lei de Deus, mas não é simbolizado

por nenhum indivíduo, porque é o produto do ensinamento dado não por um homem, mas pelos espíritos, que são *as vozes do Céu* em todos os pontos da Terra, e por uma incontável multidão de intermediários. De certa forma, é um ser coletivo, porque abrange o conjunto dos seres do mundo espiritual, cada qual vindo trazer aos homens a contribuição dos seus conhecimentos, para fazê-los conhecer esse mundo e o destino que lá os aguarda.

7. Assim como Jesus disse: "Não vim revogar a Lei, mas dar-lhe cumprimento", o espiritismo também diz: "Não vim revogar a lei cristã, mas dar-lhe cumprimento". Portanto, o espiritismo não ensina nada que contrarie os ensinamentos de Jesus. Ele desenvolve, completa e explica, em termos claros para todos, o que foi dito de forma alegórica. Ele vem cumprir, no tempo predito, o que Cristo anunciou, e preparar a realização de fatos futuros. É, por isso, obra do próprio Cristo, que a preside, bem como prepara a regeneração da humanidade, cumprindo assim a promessa de realizar o Reino de Deus na Terra.

O LIVRO DOS ESPÍRITOS

619. Deus deu a todos os homens meios para conhecerem sua Lei?

- *Todos podem conhecê-la, mas nem todos a compreendem. Os homens de bem e os que desejam conhecê-la a fundo são os que melhor a compreendem. No entanto, um dia todos a compreenderão, porque é preciso que a evolução se complete.*

A justiça das diversas encarnações do homem é uma consequência desse princípio, uma vez que a cada nova existência sua inteligência fica mais desenvolvida e ele compreende melhor o que é certo e o que é errado. Se tudo devesse cumprir-se numa única existência, qual seria o destino dos milhões de seres que morrem a cada dia no embrutecimento da selvageria ou nas trevas da ignorância, sem que tenha dependido deles instruir-se ou não? (171-222)

621. Onde está escrita a Lei de Deus?

- *Na consciência.*

621a. Uma vez que o homem traz a Lei de Deus na consciência, que necessidade haveria de ser-lhe revelada?

- Ele a esqueceu e menosprezou: Deus quis que lhe fosse lembrada.

622. Deus deu a alguns homens a missão de revelar sua Lei?

- Sim, certamente. Em todos os tempos homens receberam essa missão. São espíritos superiores encarnados com o propósito de fazer a humanidade progredir.

623. Os que pretenderam instruir os homens na Lei de Deus não se enganaram às vezes, desencaminhando-os frequentemente com falsos princípios?

- Os que não eram inspirados por Deus, e que, por ambição, atribuíram a si uma missão que não tinham, certamente podem tê-los desencaminhado. No entanto, como eram homens inteligentes, até mesmo entre as coisas erradas que ensinaram se encontram grandes verdades.

624. Qual é a característica do verdadeiro profeta?

- O verdadeiro profeta é um homem de bem, inspirado por Deus. Pode-se reconhecê-lo por suas palavras e atos. Deus não pode servir-se da boca de um mentiroso para ensinar a verdade.

625. Qual é o exemplo mais perfeito que Deus deu ao homem para servir-lhe de guia e modelo?

- Jesus.

Para o homem, Jesus é o exemplo da perfeição moral a que a humanidade pode aspirar na Terra. Deus no-lo oferece como o modelo mais perfeito, e a doutrina que ele ensinou é a mais pura expressão da sua Lei, porque ele era animado pelo espírito divino e foi o ser mais puro que habitou a Terra.

Se alguns dos que pretenderam instruir o homem na Lei de Deus às vezes o desencaminharam com falsos princípios, é porque se deixaram dominar por sentimentos demasiado terrestres, e por terem confundido as leis que regem as condições da vida da alma com as que regem a vida do corpo. Muitos deles apresentaram como divinas leis que eram apenas humanas, criadas para servir às paixões e dominar os homens.

VIDA PLENA

"Tenho consultado minha consciência? Percebo que nela está a minha verdadeira semelhança com Deus?".

PRECE

Senhor, permiti-nos que cada vez mais nos aproximemos de vós, observando vossas leis sábias: desejando o bem aos outros, doando sem esperar restituição, trabalhando com alegria e para o bem de todos, esquecendo e perdoando as injúrias, usando a fé com prudência, reparando nossos defeitos antes de corrigir os alheios, cultivando a simplicidade, valorizando o tempo e lembrando que o mundo não foi feito apenas para nós.

Terça-feira

Capítulo 2
MEU REINO NÃO É DESTE MUNDO

O ponto de vista

5. (...) Já para quem encara a vida terrena do ponto de vista da vida futura, o que acontece é o contário: a humanidade se perde na imensidão, como as estrelas do firmamento. Diante disso, percebe que grandes e pequenos se confundem como formigas sobre um montinho de terra; que pobres e ricos têm o mesmo tamanho, e então lastima essas criaturas efêmeras que tanto esforço fazem para conquistar uma posição que as eleva tão pouco, e por tão curto tempo. Assim é que a importância atribuída aos bens terrenos está sempre na razão inversa da fé na vida futura.

6. Mas há quem diga: "Se todo mundo pensasse dessa maneira, e não houvesse ninguém para se ocupar das coisas da Terra, tudo nela estaria em risco". Não, não é assim! Instintivamente, o homem busca o seu bem-estar e, mesmo tendo certeza de que só estará num lugar por pouco tempo, ainda assim desejará sentir-se melhor, ou menos pior. Não há ninguém que, percebendo um espinho próximo da mão, não a afaste para não se machucar. Portanto, a busca do bem-estar força o homem a melhorar todas as coisas, impulsionado que é pelo instinto de progresso e de conservação que está nas leis da natureza. Ele trabalha, pois, por necessidade, por gosto e por obrigação, e, ao fazê-lo, cumpre os desígnios da Providência que o colocou

na Terra para esse fim. Só quem considera o futuro atribui ao presente uma importância apenas relativa e se conforma facilmente com seus fracassos, pensando no destino que o aguarda.

Deus não condena, portanto, os prazeres terrenos, mas o abuso destes em detrimento das coisas da alma. É contra esse abuso que se previnem os que já entenderam as seguintes palavras de Jesus: "Meu reino não é deste mundo".

Aqueles que se identificam com a vida futura assemelham-se a homens ricos que perdem uma pequena soma, sem se perturbarem. Os que concentram seus pensamentos na vida terrena são como os homens pobres que perdem tudo o que possuem, e se desesperam.

O LIVRO DOS ESPÍRITOS

958. Por que, instintivamente, o homem tem horror ao nada?

- Porque o nada não existe.

959. De onde vem, para o homem, o sentimento instintivo da vida futura?

- Já o dissemos: antes de sua encarnação, o espírito conhece todas essas coisas, pois a alma guarda uma vaga lembrança do que tomou conhecimento e do que viu em seu estado espiritual. (393)

Em todos os tempos, o homem se preocupou com seu futuro no Além-túmulo, o que é muito natural. Seja qual for a importância que atribua à vida presente, ele não pode deixar de pensar no quanto a vida é curta, e principalmente precária, já que a qualquer momento pode ser interrompida, pois nunca se tem certeza quanto ao dia seguinte. Que será dele após o instante fatal? Essa é uma questão grave, porque não se trata de alguns anos apenas, mas da eternidade. Quem tiver de passar longos anos num país estranho, fica apreensivo quanto à situação em que lá se encontrará. Como não nos preocuparíamos, então, com a situação em que nos veremos ao deixar este mundo, uma vez que será para sempre?

A ideia do nada tem qualquer coisa que a razão se recusa a aceitar. Ao chegar o momento decisivo, até o homem mais despreocupado durante a vida se pergunta que será dele, e instintivamente tem esperança.

Crer em Deus sem admitir a vida futura seria um contrassenso. A intuição de uma existência melhor está no foro íntimo de todos os homens; Deus não deve tê-la colocado ali em vão.

A vida futura pressupõe a conservação da nossa individualidade após a morte. Na verdade, que importância teria sobrevivermos ao nosso corpo, se nossa essência moral devesse perder-se no oceano do infinito? Para nós, as consequências seriam iguais ao nada.

VIDA PLENA

"Minha vida espiritual tem sido uma preocupação vaga ou algo mais prático e dinâmico?".

PRECE

Bons espíritos que zelam pelo nosso bem-estar na vida presente, não permitam que esqueçamos os compromissos que assumimos antes de nossa atual encarnação. Sabemos que o nosso futuro depende muito dessa lembrança e da vontade de superar os obstáculos que solicitamos como provas para nossa melhoria espiritual.

Quarta-feira

Capítulo 3
HÁ MUITAS MORADAS NA CASA DE MEU PAI

1. Que não se perturbe vosso coração. Credes em Deus; crede também em mim. Há muitas moradas na casa de meu Pai. Se assim não fosse, eu já vos teria dito, pois me vou para vos preparar o lugar. E, após ter ido e ter-vos preparado o lugar, voltarei e vos levarei comigo para que, onde eu estiver, estejais também. (João, 14:1-3).

Destino da Terra. Causas das misérias humanas

6. Muitos se admiram por haver na Terra tanta maldade e miséria, tantas paixões inferiores e enfermidades de toda espécie, e concluem que a espécie humana é deplorável. No entanto, esse julgamento é proveniente da visão estreita que faz uma falsa ideia do conjunto. Deve-se considerar que sobre a Terra não está a humanidade toda, mas apenas uma fração muito pequena dela, já que a espécie humana compreende todos os seres dotados de razão que povoam os inúmeros mundos do Universo. Ora, o que é a população da Terra em comparação com a população total desses mundos? Bem menos do que a de um lugarejo em relação à de uma grande potência. A situação material e moral da humanidade terrena nada tem de estranho, se levarmos em conta o destino da Terra e a natureza dos que nela habitam.

7. Teríamos uma ideia muito errada a respeito dos habitantes de uma grande cidade, se os julgássemos pela população

dos bairros pobres e miseráveis. Num hospital, vemos apenas doentes e mutilados; numa prisão, vemos reunidos todos os vícios e torpezas; nas regiões insalubres, os habitantes são pálidos, fracos e adoentados. Pois bem, imagine-se a Terra como sendo um subúrbio, um hospital, uma penitenciária, uma região doentia – pois ela é tudo isso ao mesmo tempo –, e então se compreenderá porque as aflições superam os prazeres, já que não se enviam para um hospital pessoas sãs, nem para as casas de correção os que nenhum mal fizeram. Ocorre que nem os hospitais nem as casas de correção são lugares agradáveis. Portanto, assim como em uma cidade a população toda não se acha em hospitais ou prisões, a humanidade toda não está sobre a Terra. Do mesmo modo como se sai do hospital quando se está curado, e da prisão quando se cumpriu a pena, o homem deixa a Terra para mundos mais felizes quando está curado de suas enfermidades morais.

O LIVRO DOS ESPÍRITOS

172. Nossas diferentes existências corporais decorrem todas na Terra?

- Não, todas não; mas nos diferentes mundos: a existência aqui na Terra não é a primeira nem a última, mas é uma das mais materiais e mais distantes da perfeição.

173. A cada nova existência corporal, a alma passa de um mundo para outro, ou pode cumprir várias existências no mesmo globo?

- Pode voltar a viver várias vezes no mesmo globo, se não estiver suficientemente adiantada para passar a um mundo superior.

173a. Então podemos reaparecer muitas vezes na Terra?

- Certamente.

173b. Podemos voltar para cá depois de termos vivido em outros mundos?

- Sem dúvida; até podeis já ter vivido em outros mundos e na Terra.

174. Voltar a viver na Terra é uma necessidade?

- Não, mas se não progredirdes, podeis ir para um outro mundo que não seja melhor, e que até pode ser pior do que este.

175. Há alguma vantagem em voltar a viver na Terra?

- Nenhuma vantagem específica, a menos que se esteja em missão. Nesse caso, progride-se na Terra como em qualquer outro mundo.

175a. Não se seria mais feliz permanecendo como espírito?

- Não, não! Assim se ficaria estacionário, e o que se deseja é avançar para Deus.

176. Depois de haver encarnado em outros mundos, os espíritos podem encarnar neste, sem jamais terem estado aqui?

- Sim, como vós em outros mundos. Todos os mundos são solidários: *o que não se cumpre num, cumpre-se em outro.*

176a. Então, há homens que estão pela primeira vez na Terra?

- Há muitos, e em diversos graus.

176b. Pode-se reconhecer, por uma característica qualquer, quando um espírito está pela primeira vez na Terra?

- Isso não teria a menor utilidade.

177. Para chegar à perfeição e à felicidade suprema, objetivo último de todos os homens, o espírito deve passar necessariamente por todos os mundos existentes no Universo?

- Não. Há mundos que estão no mesmo estágio, e onde o espírito nada aprenderia.

177a. Como explicar, então, a pluralidade das suas existências em um mesmo globo?

- A cada vez, o espírito pode encontrar-se aí em situações bem diferentes, que para ele significam também novas oportunidades de adquirir experiência.

VIDA PLENA

"Quando expresso sentimentos, observo as atitudes que os acompanha? Tomo cuidado com a maneira de me exprimir?".

PRECE

Senhor, vos agradecemos pela atual existência neste mundo porque sabemos que ainda não possuímos maturidade para habitar mundos mais felizes. Que possamos valorizar as experiências que aqui realizamos como treinamento para realidades mais perfeitas e harmônicas no futuro!

Quinta-feira

Capítulo 4

NINGUÉM PODE VER O REINO DE DEUS SE NÃO NASCER DE NOVO

Ressurreição e reencarnação

> 10. Ora, desde o tempo de João Batista até os dias de hoje, o reino dos Céus é tomado pela violência, e são os violentos quem se apoderam dele, pois, até João, todos os profetas, assim como a Lei, profetizaram. E se quereis compreender o que vos digo, ***ele mesmo é o Elias que há de vir***. Quem tiver ouvidos para ouvir, que ouça! (Mateus, 11:12-15).

11. Se o princípio da reencarnação expresso no ***Evangelho*** de João podia, a rigor, ser interpretado num sentido puramente místico, não acontece o mesmo nesta passagem de Mateus, que não deixa dúvidas, ao dizer: "Ele mesmo é o Elias que há de vir". Aqui não há simbolismos nem alegorias. É uma afirmação categórica. E quanto a seguinte afirmação: "Desde o tempo de João Batista até os dias de hoje, o reino dos Céus é tomado pela violência...", o que significam essas palavras, uma vez que João Batista ainda vivia naquele momento? Jesus, dá a explição dizendo: "Se quereis compreender o que vos digo, ele mesmo é o Elias que há de vir". Ora, sendo João o próprio Elias, Jesus fazia referência ao tempo em que ele vivia com o nome de Elias. A expressão: "Até hoje o reino dos Céus é tomado pela violência..." é uma outra alusão à violência da lei mosaica, que ordenava o extermínio dos infiéis para alcançar a Terra Prometida,

paraíso dos hebreus, enquanto que, na nova Lei, se conquista o Céu pela caridade e pela doçura.

Em seguida, Jesus acrescenta: "Quem tiver ouvidos para ouvir...". Essas palavras, tantas vezes repetidas por Ele, dizem claramente que nem todos estavam em condições de compreender certas verdades.

> 12. Aqueles que dentre vosso povo estiverem mortos, novamente viverão. Aqueles que dentre os meus estavam mortos, ressuscitarão. Despertai de vosso sono e cantai os louvores a Deus, vós que habitais no pó, pois o orvalho que cai sobre vós é um orvalho de luz, e porque arruinareis a Terra e o reino dos gigantes. (Isaías, 26:19).

13. Essa passagem de Isaías é também muito explícita. Se o profeta tivesse pretendido falar da vida espiritual, se tivesse querido dizer que os mortos não estavam mortos em espírito, teria dito assim: "ainda vivem" e não: "novamente viverão". No sentido espiritual, essas palavras seriam um contrassenso, pois implicariam uma interrupção na vida da alma. No sentido de *regeneração moral*, seriam a negação das penas eternas, já que estabelecem, em princípio, que *todos os que estão mortos reviverão.*

O LIVRO DOS ESPÍRITOS

166. Como a alma que não atingiu a perfeição durante a vida corporal pode acabar de depurar-se?

- Submetendo-se à prova de uma nova existência.

166a. Como a alma cumpre essa nova existência? É pela sua transformação como espírito?

- Depurando-se, a alma sofre, sem dúvida, uma transformação, mas para isso lhe é necessária a prova da vida corporal

166b. A alma tem, então, várias existências corporais?

- Sim, todos nós temos várias existências. Os que dizem o contrário querem manter-vos na ignorância em que eles próprios se encontram; esse é o desejo deles.

166c. Desse princípio parece seguir-se que a alma, após ter deixado um corpo, toma outro; melhor dizendo, ela encarna num novo corpo. É assim que se deve entender?

- Evidentemente.

167. Qual é o propósito da encarnação?

- Expiação, melhoramento progressivo da humanidade. Sem isso, onde estaria a justiça?

VIDA PLENA

"Diante da ignorância, tenho agido com sátiras e desprezo ou procuro esclarecer fraternalmente?".

PRECE

Bons espíritos, fazei com que possamos compreender as verdades espirituais que nos são reveladas por Deus. Que através delas e de sua compreensão possamos nos libertar do jugo da ignorância e do medo, realizando com otimismo e disposição a transformação da nossa inteligência e do nosso mundo interior!

Sexta-feira

Capítulo 5
BEM-AVENTURADOS OS AFLITOS

1. Bem-aventurados os que choram, pois serão consolados. Bem-aventurados os que têm fome e sede de justiça, pois serão saciados. Bem-aventurados os que sofrem perseguição pela Justiça, porque é deles o reino dos Céus. (Mateus, 5:4, 6 e 10).

Esquecimento do passado

11. É inútil alegar que o esquecimento constitui um obstáculo ao proveito que se poderia tirar das experiências de encarnações anteriores. Se Deus julgou conveniente lançar um véu sobre o passado, é porque isso deve ser útil. Realmente, a lembrança de vidas passadas teria inconvenientes muito graves. Em certos casos, poderia nos humilhar ou então excitar nosso orgulho, e com isso atrapalhar nosso livre-arbítrio. Seja como for, provocaria uma inevitável perturbação nas relações sociais.

Muitas vezes, o espírito renasce no mesmo meio em que um dia viveu e acha-se relacionado com as mesmas pessoas, a fim de reparar o mal que lhes fez. Se reconhecesse nelas as que odiou, talvez seu ódio voltasse a despertar e, em qualquer hipótese, seria humilhado diante das pessoas a quem tivesse ofendido. Assim, Deus nos dá exatamente o que é necessário para nosso aperfeiçoamento: a voz da consciência e nossas tendências instintivas, afastando de nós o que poderia nos prejudicar.

Ao nascer, o homem traz consigo aquilo que adquiriu. Cada existência é para ele um novo ponto de partida, pouco lhe importando saber quem foi. Se está sendo punido, é porque praticou o mal. Suas más tendências atuais indicam o que deve corrigir em si mesmo, e é nisso que deve concentrar toda a sua atenção, pois o que for completamente corrigido nenhum traço deixará. Assim, as boas resoluções que vier a tomar são a voz da consciência advertindo-o quanto ao que é certo ou errado, a fim de que tenha forças para resistir às más tentações.

Aliás, o esquecimento só ocorre durante a vida corpórea. De volta à vida espiritual, o espírito recupera a lembrança do passado. Há, portanto, apenas uma interrupção temporária, tal como acontece na vida terrena durante o sono, que não nos impede de lembrar, no dia seguinte, o que fizemos na véspera ou nos dias anteriores.

Mas não é apenas depois da morte que o espírito recupera a lembrança do seu passado. Pode-se dizer que ele jamais a perde, pois a experiência prova que quando encarnado, durante o sono do corpo físico, goza de relativa liberdade e tem consciência de seus atos anteriores. Então, sabe por que sofre e que o sofrimento tem razão de ser. A lembrança só se apaga durante a vida terrena. Contudo, não havendo uma lembrança exata, o que poderia ser-lhe penoso e prejudicar-lhe as relações sociais, ele extrai novas forças desses instantes de emancipação da alma, se souber aproveitá-los.

O LIVRO DOS ESPÍRITOS

392. Por que o espírito encarnado perde a lembrança do seu passado?

- O homem não pode nem deve tudo saber. Deus, em sua sabedoria, assim o quer. Sem o véu que lhe oculta certas coisas, ficaria ofuscado, como uma pessoa que passa, sem transição, da escuridão para a luz.

393. Como pode o homem ser responsável por atos e resgatar faltas de que não se lembra? Como pode beneficiar-se da experiência adquirida em existências caídas no esquecimento?

Poder-se-ia admitir que as tribulações da vida lhe servissem de lição, se ele se lembrasse do que as originou; mas, a partir do momento em que de nada se lembra, cada existência é como se fosse a primeira e, assim, está sempre a recomeçar. Como conciliar isso com a Justiça de Deus?

- A cada nova existência, o homem tem mais inteligência e, então, pode melhor distinguir o bem do mal. Onde estaria o mérito se ele se lembrasse de todo o passado? Quando o espírito retorna à sua vida primitiva (a vida espiritual), toda sua vida passada se projeta diante dele: vê as faltas que cometeu e que são a causa do seu sofrimento, e o que poderia tê-lo impedido de cometê-las; compreende que a posição que lhe foi determinada é justa, e então busca outra existência capaz de reparar a que acaba de findar. Escolhe provas semelhantes àquelas pelas quais passou, ou lutas que considera úteis ao seu adiantamento, pedindo aos espíritos que lhe são superiores que o auxiliem na nova tarefa que empreenderá, pois sabe que o espírito que lhe for designado como guia nessa nova existência se esforçará por fazê-lo reparar suas faltas, dando-lhe uma espécie de intuição a respeito das que tenha cometido. Essa intuição é o pensamento, o desejo perverso que às vezes vos assalta e a que instintivamente resistis, geralmente atribuindo vossa resistência aos princípios que recebestes de vossos pais, quando, na verdade, é a voz da consciência que vos fala. Essa voz é a recordação do passado, voz que vos adverte para que não volteis a cair nas mesmas faltas que já cometestes. Tendo entrado na nova existência, se passar pelas provas corajosamente e resistir, o espírito se eleva e ascende na hierarquia dos espíritos, quando voltar para o meio deles.

Embora não tenhamos, durante a vida corporal, uma lembrança exata do que fomos e do que fizemos de bem ou mal em nossas existências anteriores, temos intuição disso. Nossas tendências instintivas sao um resíduo do nosso passado, a que nossa consciência, que é o desejo que concebemos de não cometer mais as mesmas faltas, nos aconselha a resistir.

VIDA PLENA

"Ao cometer um erro grave me precipito no desespero ou busco me reerguer com equilíbrio necessário?".

PRECE

Benfeitores espirituais que nos guiam nesta existência, inspirai-nos a vigilância e os bons pensamentos para evitarmos o primeiro passo em direção às quedas espirituais. Lembrai-nos dos nossos erros do passado e dos compromissos que assumimos para repará-los. Adverti-nos dos perigos e mostrai-nos os caminhos mais seguros para o êxito nas provas e a resignação nas expiações necessárias.

Sábado

Capítulo 6

O CRISTO CONSOLADOR

O Consolador prometido

3. Se me amais, guardai os meus mandamentos. E eu rogarei ao meu Pai, e Ele vos enviará outro consolador, para que fique eternamente convosco: o Espírito de Verdade, a quem o mundo não pode receber, porque não o vê nem o conhece. Mas vós o conhecereis, porque ele ficará convosco e estará em vós. Mas o Consolador, que é o Espírito Santo, a quem meu Pai enviará em meu nome, vos ensinará todas as coisas e vos fará relembrar de tudo o que vos tenho dito. (João, 14:15-17 e 26).

Instruções dos espíritos

O ADVENTO DO ESPÍRITO DE VERDADE

5. Venho trazer a verdade e dissipar as trevas, como outrora o fiz entre os filhos desgarrados de Israel. Escutai-me! O espiritismo deve lembrar aos incrédulos que acima deles reina uma verdade imutável: o Deus bom, o Deus grandioso que faz germinar a planta e agitar as ondas. Eu revelei a doutrina divina. Como um ceifeiro, juntei em feixes o bem disseminado entre a humanidade e disse: "Vinde a mim, todos vós que sofreis!". Mas os homens ingratos se desviaram do caminho reto e largo que conduz ao reino de meu Pai, e se perderam nas ásperas trilhas da impiedade.

No entanto, meu Pai não quer extinguir a raça humana; quer que, ajudando-vos uns aos outros, mortos e vivos, ou melhor, mortos segundo a carne, pois a morte não existe, vos socorrais mutuamente, e que não mais a voz dos profetas e dos apóstolos, mas a voz dos que se foram, se faça ouvir para clamar-vos: "Orai e acreditai, pois a morte é a ressurreição e a vida é a prova escolhida, durante a qual as virtudes que cultivardes devem crescer e se desenvolver como o cedro".

Homens fracos, que percebeis a limitação de vossas mentes, não afasteis a tocha que a clemência divina vos coloca nas mãos para iluminar vosso caminho, a fim de vos reconduzir, filhos perdidos, aos braços de vosso Pai!

Sinto-me tomado de compaixão por vossas misérias, por vossa enorme incapacidade de estender uma mão caridosa aos infelizes e desvirtuados, os quais, vendo o Céu, caem no abismo do erro. Acreditai, amai, meditai sobre as coisas que vos são reveladas! Não mistureis o joio com o bom grão, as ilusões com as verdades.

Espíritas, amai-vos, eis o primeiro ensinamento! Instruí-vos, este é o segundo. Todas as verdades estão no cristianismo. Os erros que nele se enraizaram são de origem humana. E eis que do Além-túmulo, o qual pensáveis ser o nada, vozes clamam: "Irmãos, nada perece! Jesus Cristo é o vencedor do mal. Sede os vencedores da descrença!". (O Espírito de Verdade, Paris, 1860).

O LIVRO DOS ESPÍRITOS

627. Uma vez que Jesus ensinou as verdadeiras leis de Deus, qual é a utilidade do ensinamento transmitido pelos espíritos? Eles têm alguma coisa a mais para nos ensinar?

- Jesus muitas vezes se expressava por alegorias e parábolas, porque falava conforme os tempos e os lugares. É preciso, agora, que a verdade se torne inteligível para todos. É preciso explicar e comentar essas leis, pois há tão poucas pessoas que as compreendem, e menos ainda as que as praticam. Nossa missão é abrir os olhos e os ouvidos, a fim de confundir os orgulhosos e desmascarar os hipócritas: aqueles que ostentam a aparência da virtude e da religião para ocultar suas torpezas.

O ensinamento dos espíritos deve ser claro e não deixar dúvidas, de modo que ninguém possa usar como pretexto a falta de instrução, e todos possam julgá-lo e apreciá-lo com sua própria inteligência. Estamos encarregados de preparar o reino do bem, anunciado por Jesus. Eis por que não convém que cada um interprete a Lei de Deus ao sabor de suas paixões, nem falseie o sentido de uma lei toda de amor e caridade.

VIDA PLENA

"Minhas convicções de fé são sinceras e úteis à minha renovação ou apenas um depósito de máximas religiosas?".

PRECE

Espíritos que operam na difusão das verdades espirituais, auxiliai-nos a compreender e praticar esses ensinamentos sem que haja de nossa parte a acomodação, a dissimulação e a arrogância, causas frequentes das nossas quedas.

Domingo

Capítulo 7

BEM-AVENTURADOS OS POBRES DE ESPÍRITO

Mistérios ocultos aos sábios e aos prudentes

7. Então, Jesus disse estas palavras: "Graças te rendo, meu Pai, Senhor do Céu e da Terra, por haveres ocultado essas coisas aos sábios e aos prudentes, e porque as revelaste aos simples e aos pequenos". (Mateus, 11:25).

8. Pode parecer estranho que Jesus renda graças a Deus por ter revelado essas coisas ***aos simples e pequenos***, que são os pobres de espírito, e por tê-las ocultado aos ***sábios e prudentes***, aparentemente mais capazes de compreendê-las. É que se deve interpretar os primeiros como sendo os ***humildes***, os que se curvam diante de Deus e não se acham superiores a ninguém; e os segundos, como os ***orgulhosos***, que se vangloriam de sua estreita sabedoria e se julgam prudentes, porque tratam a Deus de igual para igual, quando não O renegam, pois, na Antiguidade, ***prudente*** era sinônimo de ***sábio***. É por isso que Deus os deixa à procura dos segredos da Terra e revela os segredos do Céu aos simples e humildes que se inclinam diante Dele.

9. O mesmo acontece hoje com as grandes verdades reveladas pelo espiritismo. Alguns incrédulos admiram-se que os espíritos se empenhem tão pouco para convencê-los. É que os espíritos se ocupam primeiro dos que buscam a luz, com boa-fé e humildade, e não dos que se julgam donos da verdade e pensam que Deus de-

veria ficar satisfeito por atraí-los para Si, ao provar-lhes que existe.

O poder de Deus se manifesta tanto nas menores como nas maiores coisas. Ele não encobre a luz; ao contrário, a derrama abundantemente por toda parte. São cegos, pois, os que não a vêem. ***Deus não quer abrir-lhes os olhos à força, já que preferem mantê-los fechados.*** Sua vez chegará, mas antes é preciso que sintam as angústias das trevas e ***reconheçam Deus, e não o acaso, na mão que lhes fere o orgulho.*** Para vencer a incredulidade, Deus emprega os meios mais apropriados, conforme cada indivíduo. Não cabe ao incrédulo determinar a Deus o que deve fazer, dizendo-Lhe: "Se quiseres me convencer, deves agir desta ou daquela forma, em tal momento e não em outro, porque é isto que me convém".

Que os incrédulos não se espantem, pois, se Deus e os espíritos, que são os agentes de Sua vontade, não se submetem às suas exigências! Que se perguntem o que diriam se o último de seus criados quisesse mandar neles. Deus impõe Suas condições e não Se sujeita às deles; escuta com bondade aqueles que se dirigem a Ele com humildade, e não àqueles que se acham superiores a Ele.

10. É possível que alguém pergunte se Deus não poderia mostrar aos incrédulos fatos sobrenaturais, diante dos quais os mais endurecidos se curvariam? Sem dúvida, poderia. Mas, nesse caso, que mérito teriam eles, ou melhor, de que isso serviria? Não os vemos todos os dias negando as evidências, dizendo até: "Se eu visse, não acreditaria, porque ***sei*** que é impossível"? Se eles se recusam a conhecer a verdade, é porque ainda não estão amadurecidos para compreendê-la nem para senti-la. ***O orgulho é a catarata que lhes turva a visão.*** De que adianta mostrar a luz a um cego? É preciso, portanto, combater primeiro a causa do mal. Eis por que, como médico hábil, Deus primeiro corrige o orgulho. Ele não abandona Seus filhos desgarrados, pois sabe que, mais cedo ou mais tarde, seus olhos se abrirão. Mas quer que isso aconteça por vontade própria, quando, vencidos pelas torturas da incredulidade, se lançarão espontaneamente em Seus braços e, como o filho pródigo, Lhe pedirão perdão.

O LIVRO DOS ESPÍRITOS

628. Por que a verdade não foi sempre posta ao alcance de todos?

- Cada coisa deve vir a seu tempo. A verdade é como a luz: é preciso acostumar-se a ela pouco a pouco, caso contrário ela ofusca.

Jamais ocorreu que Deus permitisse ao homem receber comunicações tão completas e instrutivas como as que hoje lhe é dado receber. Na Antiguidade, como sabeis, havia alguns indivíduos que detinham a posse do que consideravam uma ciência sagrada, e da qual faziam segredo para os que consideravam profanos. Deveis compreender, a partir do que conheceis das leis que regem esses fenômenos, que eles apenas recebiam algumas verdades dispersas no meio de um conjunto confuso e, na maioria das vezes, simbólico. No entanto, para o homem estudioso nenhum antigo sistema filosófico, nenhuma tradição, nenhuma religião podem ser negligenciados, pois tudo contém os gérmens de grandes verdades que, embora pareçam contraditórias entre si, esparsas que estão entre acessórios sem fundamento, são muito fáceis de coordenar, graças à chave que o espiritismo nos dá sobre uma infinidade de coisas que vos pareceram, até agora, sem sentido e cuja realidade vos é demonstrada hoje de modo incontestável. Não deixeis, portanto, de extrair desses materiais objetos de estudo. Eles são muito ricos e poderão contribuir enormemente para vossa instrução.

VIDA PLENA

"Tenho agido com sabedoria e prudência diante do conhecimento? Tenho sido humilde para reconhecer meus limites e respeitado o tempo no amadurecer das ideias?".

PRECE

Amado Mestre, conduzi-nos à vossa verdade, iluminando nossas mentes, inspirando o amor em nossos sentimentos e o bem em nossas atitudes. Mantende-nos serenos e confiantes para não recuarmos diante das provas e dos deveres a que somos chamados. E que as nossas escolhas sejam sempre baseadas nas vossas lições de sabedoria e prudência.

Segunda-feira

Capítulo 8
BEM-AVENTURADOS OS PUROS DE CORAÇÃO

Verdadeira pureza. Mãos não lavadas

8. Então, alguns escribas e fariseus que tinham vindo de Jerusalém aproximaram-se de Jesus e lhe perguntaram: "Por que vossos discípulos violam a tradição dos antigos, já que não lavam as mãos ao tomar suas refeições?". Jesus lhes respondeu: "E vós, por que transgredis o mandamento de Deus para seguir vossa tradição? Deus não vos disse: 'Honra teu pai e tua mãe'; e também: 'Aquele que disser palavras injuriosas ao seu pai ou à sua mãe, que seja punido de morte!'? E, no entanto, dizeis: 'Qualquer um que disser ao seu pai ou à sua mãe ***Toda oferenda que faço a Deus vos é útil***, está cumprindo a Lei, mesmo que depois não honre nem assista seu pai ou sua mãe'. Assim é que tendes anulado o mandamento de Deus, pela vossa tradição. Hipócritas! Bem profetizou Isaías de vós, quando disse: 'Este povo me honra com os lábios, mas o coração está distante de mim. É em vão que me honram, ensinando doutrinas e preceitos humanos'."
Em seguida, chamando o povo, Jesus disse: "Escutai e compreendei. Não é o que entra pela boca do homem que o torna imundo, mas sim o que sai dela, pois vem do coração. É do coração que partem os maus pensamentos, os assassinatos, os adultérios, as prostituições, os furtos, os falsos testemunhos, as blasfêmias e as maledicências. Essas são as coisas que tornam o homem impuro. Mas comer, sem ter lavado as mãos, não o torna impuro". Então, Seus dis-

cípulos, aproximando-se Dele, disseram-Lhe: "Sabeis que, ouvindo o que acabais de dizer, os fariseus ficaram escandalizados?". E Ele respondeu: "Toda planta que meu Pai celeste não plantou será arrancada. Deixai-os, pois são cegos conduzindo cegos. Se um cego guia outro cego, ambos caem na vala". (Mateus, 15:1-20).

9. Enquanto falava, um fariseu convidou-O para jantar em sua casa. Estando lá, Jesus sentou-Se à mesa. O fariseu então pensou consigo mesmo: "Por que Ele não lavou as mãos antes de jantar?". E o Senhor lhe respondeu: "Vós outros, fariseus, tendes muito cuidado com o exterior do corpo e com a comida, mas o interior de vossos corações está cheio de roubos e maldades. Como sois insensatos! Aquele que fez o exterior não fez também o interior?". (Lucas, 11:37-40).

10. Os judeus haviam negligenciado os verdadeiros mandamentos de Deus para se apegarem à prática de regras estabelecidas pelos homens, cujos seguidores transformaram-nas em casos de consciência. Assim, sua essência, bastante simples, acabara por desaparecer sob a complicação da forma. Como era mais fácil seguir a prática dos atos exteriores do que reformar-se moralmente, ou seja, ***lavar as mãos do que limpar o coração,*** os homens se iludiram achando estar quites com a justiça de Deus, já que obedeciam àquelas práticas. Então, permaneciam como eram, sem se modificarem intimamente, pois lhes ensinavam que Deus não exigia mais do que isso. Eis por que o profeta disse: "É em vão que este povo me honra com os lábios, ensinando doutrinas e preceitos humanos".

O mesmo aconteceu com a doutrina moral do Cristo, que acabou por ser relegada ao segundo plano, fazendo com que muitos cristãos, a exemplo dos antigos judeus, acreditassem que sua salvação estava mais garantida pelas práticas exteriores do que pelas da moral. É a esses acréscimos, feitos pelos homens à Lei de Deus, que Jesus Se refere quando diz: "Toda planta que meu Pai celeste não plantou será arrancada".

O propósito da religião é conduzir o homem a Deus. Ora, o homem só chegará a Deus quando estiver perfeito. Assim sendo, toda religião que não torna o homem melhor não atinge seu objetivo. E aquela em que ele pensa poder apoiar-se para praticar o mal é falsa, ou foi deturpada em seus princípios. Esse é o resultado a que chegam todas as religiões em que a forma é mais importante do que o fundamento. A crença na eficácia de símbolos exteriores é nula quando não impede que se cometam assassinatos, adultérios, roubos, calúnias, ou quando causa prejuízos de quaisquer espécies ao próximo. Ela cria supersticiosos, hipócritas ou fanáticos, mas não homens de bem.

Não basta, portanto, aparentar pureza. Antes de mais nada, é preciso possuí-la no coração.

O LIVRO DOS ESPÍRITOS

653. A adoração necessita de manifestações exteriores?

- A verdadeira adoração acontece no coração. Em todas as vossas ações, tende sempre em mente que um ser superior vos observa.

653a. A adoração exterior é útil?

- Sim, se não for mera representação. É sempre útil dar um bom exemplo; mas os que só o fazem por afetação e amor-próprio, e cuja conduta desmente sua fingida piedade, dão um exemplo mais mau do que bom, e fazem mais mal do que pensam.

654. Deus dá preferência aos que O adoram desta ou daquela maneira?

- Deus prefere os que O adoram do fundo do coração, com sinceridade, fazendo o bem e evitando o mal, aos que pensam que O honram com cerimônias que não os tornam melhores para seus semelhantes.

Todos os homens são irmãos e filhos de Deus. Ele chama a si todos os que seguem Suas leis, seja qual for o modo sob o qual o manifestam.

Aquele que apenas finge piedade é um hipócrita; aquele cuja adoração é simulada e está em contradição com sua conduta, dá mau exemplo.

Quanto àquele que publicamente declara que adora o Cristo, mas que é orgulhoso, invejoso e ciumento, que é duro e implacável com os outros, ou ambiciona os bens deste mundo, eu vos digo que a religião só está nos seus lábios, não no coração. Deus, que tudo vê, dirá: "Aquele que conhece a verdade é cem vezes mais culpado do mal que faz do que o ignorante selvagem do deserto, e será tratado de acordo com seu procedimento no dia da Justiça. Se um cego, ao passar, vos derruba, vós o desculpais; se for um homem que vê claramente, vos queixareis, e com razão".

Portanto, não pergunteis se existe uma forma de adoração mais apropriada, pois seria o mesmo que perguntar se agrada mais a Deus ser adorado num idioma do que em outro. Mais uma vez vos digo: os louvores só chegam a Ele pela porta do coração.

VIDA PLENA

"Tenho refletido sobre o dia do meu juízo, ou seja, que no tribunal da consciência serei julgado sobre o progresso que fiz na atual existência?".

PRECE

Senhor, que as nossas preces sejam transformadas muito mais em atitudes de caridade do que em benefícios pessoais, dos quais, sabemos, nem sempre somos merecedores. Que ao nos dirigirmos a vós possamos estar conscientes de que o coração deverá estar puro, cheio de perdão e de amor ao próximo!

Terça-feira

Capítulo 9

BEM-AVENTURADOS OS MANSOS E PACÍFICOS

INSTRUÇÕES DOS ESPÍRITOS

OBEDIÊNCIA E RESIGNAÇÃO

8. Todas as máximas de Jesus ensinam a obediência e a resignação, duas virtudes companheiras da doçura e muito atuantes, embora os homens as confundam, equivocadamente, com a negação do sentimento e da vontade. ***A obediência é o consentimento da razão. A resignação é o consentimento do coração.*** Ambas são forças ativas, pois carregam o fardo das provas que a revolta insensata deixa cair. O indeciso não consegue ser resignado, assim como o orgulhoso e o egoísta não conseguem ser obedientes. Jesus foi a encarnação dessas virtudes, que eram desprezadas pelos materialistas de Sua época. Ele chegou no momento em que a sociedade romana agonizava, enfraquecida pela corrupção; fez resplandecer o triunfo do sacrifício e da renúncia carnal no seio de uma humanidade moralmente fracassada.

Cada época é, pois, marcada por uma virtude ou por um vício que deve salvá-la ou fazê-la perder-se. A virtude de vossa geração é a atividade intelectual, e o seu maior defeito é a indiferença moral. Digo ***atividade intelectual*** e não ***genialidade*** porque esta última surge de repente e descobre por si mesma horizontes que a multidão só vai enxergar posteriormente, ao passo que a primeira designa a reunião dos esforços de todos para atingir um objetivo menos brilhante, mas que, ainda assim, prova o progresso intelectual de uma época.

Submetei-vos, portanto, ao impulso que vimos dar aos vossos espíritos! Obedecei à grande Lei da Evolução, que é o lema de vossa geração! Ai daquele que é preguiçoso! Ai daquele que freia a inteligência! Ai dele, pois nós, que somos os guias dessa humanidade próspera, o chicotearemos e brecaremos sua rebeldia no freio e na espora. Toda resistência orgulhosa, mais cedo ou mais tarde, cederá. Mas, bem-aventurados os mansos, porque, sempre dóceis, estarão atentos aos ensinamentos. (Lázaro, Paris, 1863).

O LIVRO DOS ESPÍRITOS

843. O homem tem o livre-arbítrio de seus atos?

- Já que tem a liberdade de pensar, tem a de agir. Sem livre-arbítrio, o homem seria uma máquina.

844. O homem tem livre-arbítrio desde o nascimento?

- Há liberdade de agir a partir do momento em que houver vontade de criar. Nos primeiros tempos de vida, a liberdade é quase nula; desenvolve-se e muda de objeto com o desenvolvimento das faculdades. Tendo ideias de acordo com as exigências da sua idade, a criança aplica seu arbítrio às coisas que lhe são necessárias.

845. As predisposições instintivas que o homem traz ao nascer não são um obstáculo ao exercício do livre-arbítrio?

- As predisposições instintivas são as do espírito antes de sua encarnação. Conforme seja ele, mais, ou menos adiantado, elas podem induzi-lo à prática de atos condenáveis, e nisso ele será coadjuvado pelos espíritos que simpatizam com essas disposições. Mas não existe persuasão irresistível quando se tem o propósito de resistir. Lembrai-vos de que querer é poder. (361)

VIDA PLENA

"Será necessário viver pedindo orientação espiritual para tudo, quando já possuo noção do que é certo ou errado?".

PRECE

Senhor, sabemos que tudo o que temos, interna ou externamente, é consequência de vossa infinita bondade. Que nossos atos sejam sempre inspirados na sabedoria das vossas leis. Nas falhas que cometermos, mostrai-nos a necessidade de corrigi-las e de reparar os prejuízos que causamos. E que a liberdade que temos de agir seja sempre acompanhada do senso de responsabilidade.

Quarta-feira

Capítulo 10

BEM-AVENTURADOS OS MISERICORDIOSOS

O cisco e a trave no olho

9. Por que vedes um cisco no olho de vosso irmão, vós que não vedes uma trave no vosso olho? Ou, como dizeis ao vosso irmão: "Deixai-me tirar um cisco do vosso olho", vós que tendes uma trave no vosso? Hipócritas, tirai primeiramente a trave do vosso olho, e então vereis como podereis tirar o cisco do olho de vosso irmão! (Mateus, 7:3-5).

10. Um dos defeitos do homem é ver o mal nos outros, antes de ver o que está em si mesmo. Para julgar a si próprio, seria necessário poder olhar-se num espelho, transportar-se para fora de si e considerar-se uma outra pessoa, perguntando-se: "Que pensaria eu, se visse alguém fazer o que faço?". Indiscutivelmente é o orgulho que leva o homem a ocultar de si mesmo os próprios defeitos, tanto os morais como os físicos. Tal fraqueza é totalmente contrária à caridade, porque a verdadeira caridade é modesta, simples e indulgente. A caridade orgulhosa é um contrassenso, pois caridade e orgulho são dois sentimentos que se neutralizam mutuamente. De que maneira, um homem vaidoso, a ponto de crer na importância de sua personalidade e na supremacia de suas qualidades, pode ter abnegação suficiente para fazer ressaltar nos outros o bem que poderia ofuscá-lo e não o mal que poderia engrandecê-lo? Se o orgulho é o pai de todos os vícios, é também a negação de

muitas virtudes. Podemos encontrá-lo na origem e na causa de quase todas as ações. Por isso Jesus empenhou-Se tanto em combatê-lo como principal obstáculo ao progresso.

O LIVRO DOS ESPÍRITOS

919. Qual é o meio mais eficaz para melhorar-se nesta vida e resistir à sedução do mal?

- Um sábio da Antiguidade vos disse: "Conhece-te a ti mesmo".

919a. Entendemos toda a sabedoria dessa máxima, mas a dificuldade está exatamente em conhecer-se a si mesmo. Qual é o meio de consegui-lo?

- Fazei o que eu fazia quando vivia na Terra: no fim do dia, interrogava minha consciência, passava em revista o que tinha feito e me perguntava se não deixara de cumprir algum dever; se ninguém tivera motivo para queixar-se de mim. Foi assim que cheguei a me conhecer e a ver o que devia ser mudado em mim. Assim, aquele que cada noite repassassar suas ações do dia e perguntar-se o que fez de bem ou de mal, rogando a Deus e ao seu anjo guardião que o esclareçam, adquirirá uma grande força para aperfeiçoar-se, porque, tende certeza, Deus o assistirá. Fazei-vos perguntas, interrogai-vos sobre o que fizestes e com que intuito agistes em determinada circunstância; perguntai-vos se fizestes alguma coisa que reprovaríeis em outro, se praticastes alguma ação que não ousaríeis confessar. Perguntai-vos ainda isto: "Se aprouvesse a Deus chamar-me neste momento, ao retornar para o mundo dos espíritos, onde nada fica oculto, eu precisaria temer o olhar de alguém?". Examinai o que podeis ter feito contra Deus; depois, contra vosso próximo e, finalmente, contra vós mesmos. As respostas serão um alívio para vossa consciência, ou a indicação de um mal que é preciso curar.

O conhecimento de si mesmo é, pois, a chave do aperfeiçoamento individual. Mas, direis, como é possível alguém julgar-se? Não se tem a ilusão do amor-próprio, que ameniza as faltas e as desculpas? O avarento acha simplesmente que é econômico e previdente; o orgulhoso acha que o que tem é dignidade, não orgulho. Isso até pode ser verdade, mas tendes um meio de controle que não pode vos enganar. Quando estiverdes indecisos sobre o mérito de uma de vossas ações, perguntai-vos como a qualificaríeis se outra pessoa a tivesse praticado. Se a reprovais em outros, ela não poderia ser mais justificada em vós, pois Deus não tem duas medidas para a justiça. Procurai saber também o que os outros pensam sobre ela, e não desprezeis a opinião dos vossos inimigos, porque eles não têm o menor interesse em encobrir a verdade. Muitas vezes, Deus os coloca ao vosso lado como um espelho, para advertir-vos com mais franqueza do que um amigo o faria.

Que aquele que tem o desejo sincero de melhorar-se explore, pois, sua consciência, a fim de arrancar de si as más tendências, como arranca as ervas daninhas do seu jardim; que faça o balanço de sua jornada moral como o comerciante faz o de suas perdas e lucros, e garanto-vos que as primeiras serão maiores do que os lucros. Se puder dizer que seu dia foi bom, conseguirá dormir em paz e aguardar sem temor o despertar na outra vida.

Fazei-vos, portanto, perguntas claras e precisas e não tenhais medo de multiplicá-las: pode-se perfeitamente gastar alguns minutos para conquistar uma felicidade eterna. Não trabalhais todos os dias pensando em juntar o necessário para garantir-vos o repouso na velhice? Esse repouso não é o objeto de todos os vossos desejos, o propósito que vos faz suportar fadigas e privações momentâneas? Pois bem! Que é esse repouso de alguns dias, interrompido pelas enfermidades do corpo, comparado ao que espera o homem de bem? Por este, não vale a pena fazer algum esforço? Sei que muitos dizem que o presente é certo e o futuro, duvidoso. Ora, esta é exatamente a ideia que estamos encarregados de extinguir em vós, porque queremos fazer-vos compreender esse futuro de modo a que não reste nenhuma dúvida em vossa alma. Por isso, primeiro chamamos vossa atenção através de fenômenos capazes de impressionar-vos os sentidos, e agora vos damos instruções que cada um de vós fica encarregado de propagar. Foi com esse objetivo que ditamos O Livro dos Espíritos.

Santo Agostinho

VIDA PLENA

"O que significa *virtude* para mim? Flor ornamental ou efeito do esforço próprio?".

PRECE

Meu anjo guardião, que os nossos laços espirituais possam manter-se cada vez mais estreitos através do meu esforço diário de reforma íntima. Que os meus erros sejam motivo não só de arrependimento, mas sobretudo de reflexão. Que os meus acertos sejam motivo de alegria e humildade para serem exemplificados aos meus semelhantes".

Quinta-feira

Capítulo II

AMAR AO PRÓXIMO COMO A SI MESMO

Instruções dos espíritos

A LEI DO AMOR

9. O amor é de essência divina. E todos vós, desde o mais culto ao mais humilde, possuís no fundo do coração a centelha dessa chama sagrada. Um fato que já deveis ter constatado é que mesmo o mais desprezível dos homens, o mais vil, o mais criminoso, sempre tem por alguém, ou por um objeto qualquer, uma afeição tão profunda que às vezes atinge proporções sublimes.

Ao dizer "por alguém ou por um objeto qualquer", eu me refiro aos indivíduos existentes entre vós que dedicam verdadeiros tesouros de amor aos animais, às plantas e até mesmo a objetos materiais. São pessoas solitárias que se queixam da sociedade e resistem à tendência natural de sua alma, que busca ao redor de si afeição e simpatia, rebaixando a Lei do Amor ao estado de instinto. Mas façam o que fizerem, não conseguirão sufocar a semente que Deus depositou em seus corações ao criá-los. Essa semente se desenvolve e cresce com a moralidade e a inteligência. E, embora muitas vezes reprimida pelo egoísmo, é a fonte das santas e doces virtudes que geram as afeições sinceras e duradouras e vos ajudam a atravessar o caminho árido e íngreme da existência humana.

Há pessoas que rejeitam a prova da reencarnação, porque temem que outros possam partilhar das amizades que lhe são caras. Pobres irmãos! O vosso afeto é que vos torna egoístas. Vosso amor se restringe a um círculo íntimo de parentes ou amigos, e todos os demais vos são indiferentes. Pois bem! Para praticar a Lei do Amor, tal como Deus a estabelece, é preciso que ameis indistintamente a todos os vossos irmãos. A tarefa é longa e difícil, mas se cumprirá, pois Deus assim o quer. A Lei do Amor é o primeiro e mais importante ensinamento de vossa nova doutrina, pois é ela que um dia deve aniquilar o egoísmo, seja qual for a forma sob a qual se apresente: o egoísmo pessoal, o egoísmo de família, de casta ou de nacionalidade. Jesus disse: "Amai ao vosso próximo como a vós mesmos". Ora, e qual é o limite do próximo? É a família, a religião, a pátria? Não. É toda a humanidade. Nos mundos superiores, é o amor recíproco que harmoniza e dirige os espíritos evoluídos que os habitam. E vosso planeta, destinado a um progresso próximo em que prevalecerá a transformação moral de sua sociedade, verá essa sublime Lei, que é um reflexo da Divindade, ser praticada por seus habitantes.

Os efeitos da Lei do Amor são o aperfeiçoamento moral da raça humana e a felicidade durante a vida terrena. Os mais rebeldes e os pervertidos deverão corrigir-se quando virem os benefícios gerados pela prática do ensinamento que diz: "Não façais aos outros o que não gostaríeis que vos fizessem; ao contrário, fazei-lhes todo o bem que estiver ao vosso alcance".

Não acrediteis no endurecimento do coração humano que, mesmo contrariado, se curva ao verdadeiro amor. É como um ímã ao qual não se pode resistir, pois o contato com esse amor vivifica e fecunda as sementes das virtudes que estão em vossos corações, prontas para se desenvolverem. A Terra, lugar de provações e de exílio, será então purificada por essa chama sagrada e nela serão praticados a caridade, a humildade, a paciência, o devotamento, a abnegação, a resignação e a renúncia, virtudes que são todas filhas do amor. Não vos canseis, pois, de ouvir as palavras de João, o Evangelista. Como sabeis, quando a doença e a velhice interromperam o curso de suas pregações, ele só repetia estas doces palavras: "Meus filhinhos, amai-vos uns aos outros".

Amados irmãos, aproveitai essas lições. Sua prática é difícil, mas delas a alma obtém um bem enorme. Crede em mim, fazei o sublime esforço que vos peço: "Amai-vos", e logo vereis a Terra transformar-se e tornar-se um paraíso, onde as almas dos justos virão para repousar. (FÉNELON, Bordéus, 1861).

O LIVRO DOS ESPÍRITOS

873. O sentimento de justiça é natural, ou é resultado de ideias adquiridas?

- É tão natural que vos revoltais diante da ideia de uma injustiça. Sem dúvida, o progresso moral desenvolve esse sentimento, mas não o dá: Deus o pôs no coração do homem; eis por que, em homens simples e primitivos, muitas vezes encontrais noções mais exatas de justiça do que em homens muito instruídos.

874. Se a justiça é uma lei natural, por que os homens a entendem de modo tão diferente, e um acha justo o que para outro parece injusto?

- É porque aí interferem paixões que alteram esse sentimento, como acontece com a maioria dos outros sentimentos naturais, e fazem com que se veja as coisas sob um ponto de vista errado.

875. Como se pode definir a justiça?

- A justiça consiste no respeito aos direitos de cada um.

875a. Que é que determina esses direitos?

- Duas coisas: a lei humana e a lei natural. Tendo os homens feito leis apropriadas aos seus costumes e ao seu caráter, essas leis estabeleceram direitos variáveis conforme o progresso dos conhecimentos. Vede se vossas leis atuais, embora não sejam perfeitas, acaso consagram os mesmos direitos da Idade Média; pois aqueles direitos antiquados, que hoje vos parecem monstruosos, naquela época pareciam justos e naturais. O direito estabelecido pelo homem, portanto, nem sempre está em consonância com a justiça. Aliás, ele rege somente algumas relações sociais, ao passo que, na vida privada, há uma imensidade de atos que são exclusivamente da alçada do tribunal da consciência.

VIDA PLENA

"Quem com ferro fere com ferro será ferido? Tenho sido justo na mesma medida que exijo a justiça?".

PRECE

Senhor, permiti que eu possa entender que na Lei do Amor estão contidas todas as leis que criastes para garantir que todas as criaturas conquistem a felicidade. Que possamos compreender que, pelo sentimento de justiça e de desprendimento, estaremos eliminando o egoísmo, essa chaga que nos faz estacionar na prática do mal e que nos afasta da perfeição.

Sexta-feira

Capítulo 12
AMAI OS VOSSOS INIMIGOS

Pagar o mal com o bem

2. Se amardes somente os que vos amam, que mérito haveria nisso, já que as pessoas de má vida também amam aqueles que as amam? Se só fizerdes o bem aos que vos fazem, que mérito haveria nisso, uma vez que as pessoas de má vida fazem a mesma coisa? E se prestardes favores apenas àqueles de quem esperais receber o mesmo, que mérito haveria nisso, já que as pessoas de má vida também colaboram entre si para receberem a mesma vantagem? Mas, quanto a vós, amai vossos inimigos; fazei o bem a todos; e emprestai sem nada esperar. Então, vossa recompensa será muito grande e sereis filhos do Altíssimo, porque Ele é bom com os ingratos e até mesmo com os maus. Sede, pois, misericordiosos como o vosso Deus! (Lucas, 6:32-36).

Os inimigos desencarnados

5. O espírita tem ainda outros motivos que o levam à indulgência para com os seus inimigos. Primeiramente, ele sabe que a maldade não é o estado permanente dos homens. Ela se deve a uma imperfeição momentânea, pois, assim como a criança se corrige de seus defeitos, o homem mau um dia reconhecerá seus erros e se tornará bom. Sabe que a morte apenas o livra da presença física de seu inimigo, e que este pode persegui-lo com seu ódio, mesmo após ter deixado a Terra. Sabe

também que a vingança de nada adianta; ao contrário, ela tem como resultado uma irritação ainda maior, capaz de passar de uma existência para outra. Cabe ao espiritismo, portanto, provar, pela experiência e pelas leis que regem as relações entre o mundo visível e o invisível, que a expressão *extinguir o ódio com sangue* é totalmente falsa, pois a verdade é que o sangue realimenta o ódio, mesmo no Além-túmulo. Cabe-lhe, consequentemente, apresentar um argumento definitivo que dê uma utilidade prática ao perdão e ao sublime ensinamento de Jesus que diz: "Amai os vossos inimigos".

Não há coração tão perverso que, mesmo contra a sua vontade, não seja tocado por boas ações. Com boas ações, evita-se qualquer pretexto para represálias contra um inimigo, podendo-se fazer dele um amigo, antes e depois de sua morte. Com maus procedimentos, irritamos o inimigo, ***e é então que ele próprio serve de instrumento da justiça de Deus, para punir aquele que não perdoou.***

6. Podemos, pois, ter inimigos tanto entre os encarnados como entre os desencarnados. Os inimigos do mundo invisível manifestam sua maldade pelas obsessões e subjugações a que tantas pessoas estão sujeitas, e que são exemplos de provações da vida. Estas, como outras provas, ajudam a progredir e devem ser aceitas com resignação, como consequência da natureza inferior do globo terrestre. Se não houvesse homens maus na Terra, não existiriam espíritos maus ao redor dela. Por essa razão, se devemos ter indulgência e boa vontade para com os inimigos encarnados, devemos tê-las igualmente para com os que estão desencarnados.

Outrora, sacrificavam-se vítimas e faziam-se oferendas sangrentas para apaziguar os deuses infernais. Aos deuses infernais seguiram-se os demônios. O espiritismo vem provar que tanto os deuses infernais como os demônios de outrora nada mais são do que as almas de homens perversos que ainda não se despojaram de seus instintos materiais; ***que ninguém consegue acalmá-los senão pelo sacrifício de seu ódio, ou melhor, pela caridade;*** e que a caridade não tem como único efeito impedi-los de praticar o mal, mas também de reconduzi-los ao caminho do bem e contribuir para sua salvação. É por isso que a aplicação da máxima *Amai os vossos inimigos* não se limita ao círculo estreito da Terra e da vida presente, mas resulta na grande lei da solidariedade e da fraternidade universais.

O LIVRO DOS ESPÍRITOS

465. Com que propósito os espíritos imperfeitos nos induzem ao mal?

- Para fazer-vos sofrer com eles.

465a. Isso diminui o sofrimento deles?

- Não, mas fazem isso por inveja, ao ver que há seres mais felizes.

465b. Que espécie de sofrimento querem infligir aos outros?

- Sofrimentos que provêm do fato de se estar numa ordem inferior e afastado de Deus.

466. Por que Deus permite que alguns espíritos nos induzam ao mal?

- Os espíritos imperfeitos são instrumentos destinados a pôr à prova a fé e a constância dos homens no bem. Tu, como espírito, deves progredir na ciência do infinito, por isso passas pelas provas do mal, para chegar ao bem. Nossa missão é colocar-te no bom caminho, e quando más influências atuam sobre ti, é porque as atrais pelo desejo do mal, pois os espíritos inferiores vêm auxiliar-te no mal, quando tens vontade de cometê-lo; eles podem ajudar-te no mal só quando desejas o mal. Se tens propensão para o homicídio, pois bem, terás uma nuvem de espíritos que alimentarão essa ideia em ti. Mas terás também outros que se empenharão por influenciar-te ao bem, o que restabelece o equilíbrio da balança e te deixa senhor da situação.

É assim que Deus deixa à nossa consciência a escolha do caminho que devemos seguir e a liberdade de ceder a uma ou outra das influências contrárias que se exercem sobre nós.

VIDA PLENA

"Tenho sido vigilante e atento aos riscos de cair em tentações? Tenho orado diariamente para pedir auxílio aos bons espíritos e a Deus?"

PRECE

Senhor, que possamos ter forças para repelir o desejo do mal! Assim, protegei-nos contra as influências dos maus espíritos. Que os bons pensamentos e sentimentos puros possam ser sempre alvo das nossas intenções; sobretudo nos momentos de provas e das escolhas difíceis! Que os maus espíritos possam beneficiar-se dos nossos exemplos de humildade e resignação!

Sábado

Capítulo 13

QUE VOSSA MÃO ESQUERDA NÃO SAIBA O QUE FAZ VOSSA MÃO DIREITA

O óbolo[1] da viúva

> 5. Estando sentado diante do mealheiro[2] do templo, Jesus observava a maneira como o povo colocava o dinheiro e como muitas pessoas ricas faziam gordas doações. Veio então uma pobre viúva e pôs somente duas pequenas moedas de pouco valor. Então Jesus, tendo chamado Seus discípulos, lhes disse: "Em verdade, vos digo que esta pobre viúva deu mais do que todos que colocaram moedas no mealheiro, pois todos os outros deram o que lhes sobrava, mas ela, em sua penúria, deu tudo o que possuía e que lhe restava para sobreviver". (Marcos, 12:41-44; Lucas, 21:1-4).

6. Muitas pessoas alegam que não podem fazer todo o bem que gostariam porque lhes falta recursos suficientes para isso, e dizem que, se desejam a riqueza, é para fazer dela um bom uso. A intenção é louvável, sem dúvida, e pode até ser muito sincera em alguns, mas será que é completamente desinteressada em todos? Não haverá aqueles que, pretendendo fazer o bem aos outros, ficariam muito felizes se começassem por fazê-lo a si próprios? Não ficariam felizes se se permitissem alguns prazeres a mais; se se beneficiassem com os supérfluos que ainda não possuem, sob a condição de dar o resto aos

1 Óbolo: Pequeno donativo dado aos pobres; esmola.
2 Mealheiro: Pequeno cofre onde há uma fenda para que se introduzam moedas.

pobres? Essa segunda intenção, muitas vezes aparentemente oculta, mas que viria à tona se esquadrinhassem o fundo do coração, anula o mérito da intenção, pois a verdadeira caridade faz o homem pensar primeiro nos outros antes de pensar em si. O sublime da caridade, nesse caso, seria procurar no seu próprio trabalho, pelo emprego de suas forças, de sua inteligência, de suas aptidões, os recursos que faltam para concretizar suas intenções generosas. Aí estaria o sacrifício mais agradável ao Senhor. Infelizmente, a maioria das pessoas sonha com meios de enriquecer de uma hora para outra, sem esforço, correndo atrás de ilusões, como a descoberta de tesouros, um eventual golpe de sorte, e uma inesperada herança. O que dizer então daqueles que esperam encontrar auxiliares entre os espíritos, para ajudá-los nas buscas como essas? Seguramente eles não conhecem nem compreendem o sagrado objetivo do espiritismo; muito menos a missão dos espíritos aos quais Deus permite comunicarem-se com os homens. Por isso são punidos pelas decepções. (Veja ***O Livro dos Médiuns***, perguntas 294 e 295).

Aqueles cuja intenção é isenta de qualquer propósito pessoal devem consolar-se por não lhes ser possível fazer o bem que gostariam de fazer, lembrando-se de que o donativo do pobre que dá, privando-se daquilo que lhe fará falta, pesa mais na balança de Deus do que o ouro do rico que dá, sem privar-se de nada. Sem dúvida, seria grande a satisfação de poder socorrer abundantemente os necessitados. Mas, se não é possível, é preciso se conformar e limitar-se a fazer o que se pode. Além do mais, não é só com dinheiro que se pode enxugar as lágrimas. Devemos ficar sem nada fazer, só porque não dispomos de recursos? Aquele que deseja sinceramente tornar-se útil aos seus irmãos, acha mil oportunidades para isso. Pois então, que as procure, e as encontrará! Se não for de uma forma, será de outra. Não há ninguém que, estando em pleno gozo de suas faculdades, não possa prestar um serviço qualquer a alguém, dar uma palavra de consolo, aliviar um sofrimento físico ou moral, tomar uma providência útil. Na falta de dinheiro, cada um não dispõe de seu esforço, de seu tempo, de seu repouso, dos quais pode doar um pouco? Aí também está o donativo do pobre, o óbolo da viúva.

888. Quanto à esmola, que se deve pensar?

- O homem reduzido a mendigar se degrada moral e fisicamente: ele se embrutece. Uma sociedade baseada na Lei de Deus e na justiça deve remediar a vida do fraco, sem humilhá-lo. Deve assegurar a existência dos que não podem trabalhar, sem deixar-lhes a vida à mercê do acaso e da boa vontade alheia.

888a. Vós reprovais a esmola?

- Não; o que é reprovável não é a esmola, é a maneira como muitas vezes ela é dada. O homem de bem, que compreende a caridade segundo Jesus, vai ao encontro do infeliz, sem esperar que este lhe estenda a mão.

A verdadeira caridade é sempre benevolente; ela está tanto na maneira como se dá, como no ato em si. Um favor prestado com delicadeza tem valor dobrado; se é prestado com arrogância, a necessidade pode fazer com que seja aceito, mas o coração pouco se comove com isso.

Lembrai-vos também de que, aos olhos de Deus, a ostentação tira o mérito do benefício. Jesus disse: "Que vossa mão esquerda não saiba o que fez a mão direita". Com isso, ele vos ensina a não embaraçar a caridade com o orgulho.

É preciso distinguir a esmola propriamente dita da beneficência. Nem sempre é o mais necessitado quem pede: o receio de uma humilhação tolhe o verdadeiro pobre, e ele muitas vezes sofre sem lamentar-se. A esse é que o homem verdadeiramente caridoso sabe ir procurar, sem ostentação.

Amai-vos uns aos outros, eis toda a Lei, a lei divina com a qual Deus governa os mundos. O amor é a lei de atração para os seres vivos e organizados; a atração é a lei de amor para a matéria inorgânica.

Não esqueçais nunca que o espírito, seja qual for seu grau de adiantamento, sua situação como reencarnado, ou na erraticidade, é sempre colocado entre um superior, que o guia e aperfeiçoa, e um inferior para com o qual tem esses mesmos deveres a cumprir. Sede, pois, caridosos, não somente tendo a espécie de caridade que vos leva a tirar da bolsa a esmola que dais friamente a quem ousa pedir, mas ide ao encontro das misérias ocultas. Sede compreensivos com relação aos defeitos de vossos semelhantes: em vez de voltar as costas à ignorância e ao vício, instruí-os e moralizai-os. Sede delicados e benevolentes para com tudo que vos seja inferior; sede assim também para com os seres mais insignificantes da Criação, e tereis obedecido à Lei de Deus.

São Vicente de Paulo

VIDA PLENA

"Tenho aproveitado meu tempo de forma útil?".

PRECE

Amado Mestre Jesus, que possamos ser sempre instrumentos de vossa paz, de vossa sabedoria e de vosso amor pela humanidade. Mesmo tendo poucos recursos ou conhecimentos, fazei com que, pela simplicidade, possamos doar amor e conforto moral aos necessitados.

Domingo

Capítulo 14
HONRAI VOSSO PAI E VOSSA MÃE

2. Honrai vosso pai e vossa mãe, a fim de viverdes longo tempo na Terra que o Senhor vosso Deus vos dará. (Decálogo: Êxodo, 20:12).

Parentesco corporal e parentesco espiritual

8. Os laços de sangue não estabelecem necessariamente laços entre os espíritos. O corpo se origina do corpo, mas o espírito não provém do espírito, porque o espírito já existia antes da formação do corpo. Não é o pai quem cria o espírito de seu filho; tudo o que ele faz é fornecer-lhe um invólucro carnal. No entanto, é seu dever participar do desenvolvimento intelectual e moral do filho, para fazê-lo progredir.

Os espíritos que encarnam numa mesma família, principalmente como parentes próximos, são, na maioria das vezes, ligados por laços de simpatia, unidos por relações anteriores que são demonstradas por uma afeição recíproca durante a vida terrena. Pode acontecer também que esses espíritos sejam completamente estranhos uns aos outros, separados por antipatias igualmente anteriores, que, na Terra, se manifestam pela aversão recíproca, a fim de servir-lhes de prova. Portanto, os verdadeiros laços de família não são os da consanguinidade, mas os da simpatia e da comunhão de pensamentos que unem os espíritos *antes, durante e depois* de sua encarnação. Donde se conclui que dois seres nascidos de pais diferentes podem ser mais irmãos pelo espírito do que se o fossem pelo sangue. Eles podem atrair-se, buscar-se, gostar de estar juntos, ao passo que dois irmãos consanguíneos podem repelir-se, conforme podemos observar no dia a dia, fato que somente o espiritismo pode explicar pela pluralidade das existências. (Veja capítulo 4, número 13, de ***O Evangelho Segundo o Espiritismo***).

Existem, pois, duas espécies de famílias: ***as famílias constituídas pelos laços espirituais e as famílias constituídas por laços corporais.*** As primeiras, duradouras, se fortalecem pela purificação e se perpetuam no mundo dos espíritos, por meio das diversas migrações da alma. As segundas, frágeis como a matéria, extinguem-se com o tempo e muitas vezes se dissolvem moralmente já na vida atual. Foi isso que Jesus quis ensinar quando declarou aos Seus discípulos: "Eis minha mãe e meus irmãos", ou seja, minha família pelos laços do espírito, "pois quem quer que faça a vontade de meu Pai, que está nos Céus, é meu irmão, minha irmã e minha mãe".

A hostilidade de seus irmãos está claramente expressa no relato de São Marcos, já que, segundo diz, eles se propunham a detê-Lo, sob o pretexto de que tinha ***perdido a razão.*** Ao anunciarem a chegada de Seus familiares, e não ignorando o que eles pensavam a Seu respeito, era natural que Jesus dissesse aos Seus discípulos, sob o ponto de vista da família espiritual: "Eis meus verdadeiros irmãos". Como Sua mãe estava com eles, Jesus generalizou o ensinamento, o que não significa absolutamente que tenha insinuado que Sua mãe carnal nada Lhe significava como espírito, e que sentia por ela apenas indiferença, pois Sua conduta, em outras situações, comprova justamente o contrário.

O LIVRO DOS ESPÍRITOS

891. Sendo o amor materno inato, por que há mães que odeiam seus filhos, e muitas vezes desde o nascimento deles?

*- **Às vezes é uma prova que o espírito da criança escolheu, ou uma expiação, se ele próprio foi um mau pai, ou má mãe, ou mau filho numa outra existência.*** (392) ***Seja qual for o caso, a mãe má só pode estar animada por um mau espírito***

que procura atrapalhar o espírito do filho para que ele vacile na prova que aceitou. Mas essa violação das leis da natureza não ficará impune, e o espírito do filho será recompensado pelos obstáculos que tiver superado.

892. Quando os pais têm filhos que lhes causam desgostos, eles não podem ser desculpados por não lhes dedicarem o mesmo carinho que teriam em caso contrário?

- Não, pois essa é uma incumbência que lhes é confiada, e sua missão é fazer todos os seus esforços para reconduzi-los ao bem. (582-583) *Além do mais, esses desgostos muitas vezes são consequência dos maus hábitos que os deixaram contrair desde o berço. Eles colhem, então, o que semearam.*

VIDA PLENA

"Busco apenas identificar falhas nos outros ou procuro observar neles valores que possam melhorar minhas atitudes?".

PRECE

Bons espíritos, nos alertem quando estivermos falhando na convivência com nossos familiares, não permitindo que sejamos omissos nos cuidados que devemos ter ao atender as suas solicitações e cumprir com os nossos deveres de pais e filhos.

Segunda-feira

Capítulo 15
FORA DA CARIDADE NÃO HÁ SALVAÇÃO

Necessidade da caridade segundo São Paulo

> 6. Ainda que eu falasse as línguas dos homens e até mesmo a língua dos anjos, se eu não tivesse caridade, seria apenas como um metal que soa, um címbalo que tine. Ainda que eu tivesse o dom da profecia, que compreendesse todos os mistérios, que tivesse um perfeito conhecimento de todas as coisas, e que tivesse toda a fé possível, a ponto de transportar montanhas, se eu não tivesse caridade, nada seria. E ainda que tivesse distribuído meus bens para alimentar os pobres, e que tivesse entregue meu corpo para ser queimado, se eu não tivesse caridade, tudo isso de nada me serviria. A caridade é paciente. Ela é doce e benigna. A caridade não é invejosa; não é temerária e precipitada; não se enche de orgulho; não é desdenhosa; não busca seus próprios interesses; não se irrita nem se escandaliza com nada; não tem suspeitas injustas; não se alegra com a injustiça, e sim com a verdade; tudo suporta, em tudo confia, tudo espera e tudo sofre.
>
> Agora subsistem estas três virtudes: a fé, a esperança e a caridade. Mas, entre elas, a maior é a caridade. (SÃO PAULO, primeira *Carta aos Coríntios*, 13:1-7, 13).

7. O apóstolo Paulo compreendeu essa grande verdade com tal clareza, que afirmou: "Ainda que eu tivesse o dom da profecia, que compreendesse todos os mistérios, e que tivesse toda a fé possível, a ponto de transportar montanhas, se não tivesse

caridade, nada seria. Entre estas três virtudes: a fé, a esperança e a caridade, a maior é a caridade". Coloca, portanto, claramente, a caridade acima da própria fé, pois a caridade está ao alcance de todos, tanto do inculto e do sábio, como do rico e do pobre, e existe independentemente de qualquer crença individual. E faz mais: ele define a verdadeira caridade mostrando-a não apenas na beneficência, mas também no conjunto de todas as qualidades do coração, na bondade e na benevolência para com o próximo.

O LIVRO DOS ESPÍRITOS

486. Os espíritos se interessam por nossas desventuras e por nossa prosperidade? Os que nos querem bem se afligem com os sofrimentos por que passamos durante a vida?

- Na medida do possível, os bons espíritos fazem o bem e se alegram com as vossas alegrias. Afligem-se com os vossos males quando não os suportais com resignação, porque esses males não vos trazem proveito, pois sois então como um doente que recusa o remédio amargo que deve curá-lo.

487. Com que espécie de mal os espíritos mais se afligem por nossa causa; será o mal físico ou o moral?

- Vosso egoísmo e a dureza do vosso coração: daí deriva tudo. Riem de todos os males imaginários que nascem do orgulho e da ambição; alegram-se com os que têm por finalidade abreviar vosso tempo de prova.

Sabendo que a vida corporal é apenas transitória e que as tribulações que a acompanham são meios de chegar a um estado melhor, os espíritos se afligem por nós mais pelas causas morais, que nos afastam desse estado, do que pelos males físicos, que são apenas passageiros.

Eles pouco se preocupam com os infortúnios que só afetam nossas ideias mundanas, como fazemos com as aflições pueris da infância.

Os espíritos, que vêem nas aflições da vida um meio de progresso para nós, as consideram como a crise momentânea que deve salvar o doente. Compadecem-se dos nossos sofrimentos como nós nos compadecemos com os sofrimentos de um amigo. Mas, vendo as coisas de um ponto de vista mais justo, apreciam-nas de maneira diferente da nossa, e enquanto os bons nos animam, em proveito do nosso futuro, os outros nos incitam ao desespero, visando a comprometê-lo.

VIDA PLENA

"As provas e aflições têm contribuído para minha transformação moral? Tenho percebido que devo ser menos egoísta e mais caridoso com as aflições alheias?".

PRECE

Bons espíritos, vós que sois exemplos da caridade oculta e desinteressada, afastai de nós a timidez e o orgulho que nos impedem de servir aos mais humildes e necessitados, o temor da ousadia de amar aqueles que frequentemente se sentem pouco amados e a vergonha de oferecer ajuda aos que por orgulho não ousam pedir.

Terça-feira

Capítulo 16
NÃO SE PODE SERVIR A DEUS E A MAMON

Jesus na casa de Zaqueu

4. Tendo entrado em Jericó, Jesus atravessou a cidade. Havia lá um homem chamado Zaqueu, chefe dos publicanos e muito rico, que desejava conhecê-Lo, mas não conseguia porque, tendo uma baixa estatura, a multidão não o deixava vê-Lo. Por isso, ele correu mais à frente e subiu numa árvore para tentar avistá-Lo, certo de que Ele deveria passar por lá. Tendo chegado a esse lugar, Jesus dirigiu o olhar para o alto, e tendo-o visto, disse-lhe: "Zaqueu, desce depressa, porque hoje preciso abrigar-me em tua casa". Zaqueu desceu imediatamente, e O recebeu com alegria. Todos os que viram aquilo murmuravam: "Ele foi hospedar-se na casa de um homem de má vida". (Ver ***Publicanos***, na Introdução de ***O Evangelho Segundo o Espiritismo***). Entretanto, apresentando-se diante do Senhor, disse-Lhe Zaqueu: "Senhor, darei a metade dos meus bens aos pobres e, se prejudiquei alguém, seja no que for, dar-lhe-ei quatro vezes mais". Ao que Jesus lhe respondeu: "Esta casa recebeu hoje a salvação, porque este também é filho de Abraão; pois o Filho do Homem veio para procurar e salvar o que estava perdido". (Lucas, 19:1-10).

Instruções dos Espíritos
A VERDADEIRA PROPRIEDADE

9. O homem só possui como seu o que pode levar deste mundo. O que encontra ao reencarnar, e o que deixa ao partir,

desfruta somente durante sua permanência na Terra. Mas, como é forçado a despojar-se de tudo ao desencarnar, tem apenas o usufruto e não a posse real das coisas. O que possui ele, então? Nada do que se destina ao uso do corpo e tudo o que se destina ao uso da alma, ou melhor, a inteligência, os conhecimentos e as qualidades morais. Isso é o que ele traz e leva consigo, e o que ninguém pode lhe roubar, e que será muito mais útil no outro mundo do que neste. Dependerá dele ser mais rico ao partir do que quando chegou, pois sua posição futura resultará do que tiver conseguido com boas ações. Quando um homem vai a um país distante, arruma sua bagagem de acordo com o que vai utilizar durante a viagem, não se sobrecarregando com o que lhe seria inútil. Fazei, pois, da mesma forma com relação à vida futura, e abastecei-vos com tudo o que nela vos puder ser útil.

Ao viajante que se hospeda, dão-lhe boas acomodações, se puder pagar por elas; àquele que tem pouco, dão-lhe as menos confortáveis; quanto ao que nada tem, vai dormir ao relento. O mesmo acontece com o homem quando chega ao mundo dos espíritos: o lugar para onde será conduzido depende do que possui. Mas não é com ouro que irá pagar por ele; tampouco ninguém lhe perguntará: "Quanto tinhas na Terra? Que posição ocupavas? Eras príncipe ou um modesto operário?". Contudo, é certo que lhe será perguntado: "O que trazes contigo?". Não será contabilizado os seus bens nem os seus títulos, mas o somatório de suas virtudes. Por isso, mediante essa avaliação, o operário pode ser mais rico do que o príncipe. Em vão alegará que antes de partir pagou com ouro sua entrada, pois terá como resposta: "Os lugares aqui não são comprados; são obtidos pelo bem que se praticou. Com a moeda terrestre, conseguiste comprar terrenos, casas, palácios. Mas aqui tudo é pago com as qualidades da alma. És rico dessas qualidades? Sê bem-vindo, e passa para a primeira fila, onde todas as alegrias te esperam. És pobre de qualidades? Passa então para a última, onde serás tratado de acordo com tuas posses". (Pascal, Genebra, 1860).

O LIVRO DOS ESPÍRITOS

711. O uso dos bens da Terra é um direito de todos os homens?
- Esse direito é decorrência da necessidade de viver.

Deus não poderia ter imposto um dever sem ter dado o meio de cumpri-lo.

712. Com que finalidade Deus deu à posse dos bens materiais um caráter prazeroso?

- Para incitar o homem ao cumprimento de sua missão, e também para prová-lo através da tentação.

712a. Qual é o objetivo dessa tentação?

- Desenvolver-lhe a razão, que deve preservá-lo dos excessos.

Se o homem fosse instigado a usar os bens da Terra somente pela utilidade que possam ter, sua indiferença poderia comprometer a harmonia do Universo. Deus deu a seu uso o atrativo do prazer, que o induz ao cumprimento dos desígnios da Providência. Além disso, exatamente com esse atrativo, Deus quis prová-lo por meio da tentação que o arrasta para o abuso, do qual sua razão deve defendê-lo.

VIDA PLENA

"Invejo e acuso o rico pela sua situação ou reconheço nele um irmão em graves provas dos gozos materiais?".

PRECE

Senhor, obrigado por tudo que temos recebido para garantir nossa existência material. Se nos mostramos insatisfeitos, perdoa-nos mostrando que temos o que é necessário e o merecido. Se temos pouco ou muito, ensinai-nos a valorizar o que possuímos, porque sabemos que vem da vossa bondade e da vossa sabedoria.

Quarta-feira

Capítulo 17

SEDE PERFEITOS

1. Amai os vossos inimigos. Fazei o bem aos que vos odeiam e orai pelos que vos perseguem e vos caluniam, pois, se amardes somente os que vos amam, que recompensa tereis? Os publicanos não fazem o mesmo? E se saudardes só os vossos irmãos, que fazeis mais do que os outros? Os pagãos também não o fazem? Sede, pois, perfeitos como vosso Pai Celestial o é. (MATEUS, 5:44, 46-48).

Os bons espíritas

4. Se bem compreendido e bem sentido, o espiritismo leva naturalmente aos resultados que acabamos de expor, e que caracterizam o espírita como o verdadeiro cristão, já que ambos são uma coisa só. O espiritismo não nos cria nenhuma nova ordem moral, mas facilita aos homens a compreensão e a prática da moral do Cristo, dando uma fé inabalável e esclarecida aos que duvidam ou vacilam. Entretanto, muitos dos que crêem na existência das manifestações espíritas não compreendem suas consequências nem seu alcance moral, ou, se as compreendem, não as aplicam a si mesmos. A que isso se deve? A uma falta de clareza da doutrina? Não, pois ela não contém metáforas nem alegorias que possam dar lugar a falsas interpretações. A clareza é sua própria essência, e é daí que vem a sua força, pois fala direto à inteligência. Nada tem de misterioso, e seus seguidores não detêm a posse de qualquer segredo oculto às pessoas comuns.

Será preciso então uma inteligência excepcional para compreendê-la? Não, pois vemos homens de reconhecida capacidade que não a compreendem, ao passo que inteligências mais simples, de jovens que mal saíram da adolescência, captam-lhes com admirável clareza os detalhes mais sutis. Isso acontece porque o aspecto, digamos, *material* da ciência não requer outra coisa senão olhos para ser observada, enquanto que o aspecto *essencial* exige um certo grau de sensibilidade, ao qual se pode chamar de *maturidade do senso moral,* que não depende da idade nem do grau de instrução, porque é inerente à evolução do espírito encarnado.

Os laços da matéria ainda são muito fortes em alguns, para permitir que o espírito se desligue das coisas da Terra. É como se um véu lhes ocultasse a visão do Infinito. Por isso, não conseguem romper facilmente com gostos e hábitos exóticos, não compreendendo que possa existir algo melhor do que aquilo que possuem. A crença nos espíritos é para eles um simples detalhe que pouco, ou quase nada, modifica suas tendências instintivas. Em resumo: não enxergam mais do que um raio de luz, insuficiente para orientá-los e proporcionar-lhes uma determinação capaz de fazê-los vencer suas tendências. Apegam-se mais aos fenômenos do que à moral, que lhes parece banal e monótona. Pedem constantemente aos espíritos que os iniciem em novos mistérios, sem se questionarem se tornaram-se dignos de penetrar nos mistérios do Criador. Esses são os espíritas imperfeitos, alguns dos quais estacionam pelo caminho ou se afastam de seus irmãos de crença, porque recuam diante da obrigação de se reformarem, ou então reservam suas simpatias para aqueles que compartilham de suas fraquezas e de suas opiniões preconcebidas. Contudo, a aceitação dos princípios da doutrina é um primeiro passo que lhes permitirá o segundo, mais fácil numa outra existência.

Aquele que pode ser considerado um espírita sincero e verdadeiro está num grau superior de adiantamento moral, pois o espírito, ao dominar mais plenamente a matéria, lhe dá uma percepção mais clara do futuro. Os princípios da doutrina fazem vibrar nele qualidades que nos outros permanecem adormecidas. Em suma: *foi tocado no coração* e tem uma fé inabalável. Um é como o músico, que se emociona com os acordes, ao passo que o outro ouve apenas sons. ***Reconhece-se o verdadeiro espírita por sua transformação moral e pelos esforços que faz para vencer suas más tendências.*** Enquanto um se satisfaz em seu horizonte limitado, o outro, já bem mais esclarecido, se esforça por libertar-se dele, e sempre consegue quando o deseja com firmeza.

O LIVRO DOS ESPÍRITOS

918. Por que sinais se pode reconhecer num homem o progresso real que deve elevar-lhe o espírito na hierarquia espírita?

- ***O espírito prova sua elevação quando todos os atos da sua vida corporal consistem na aplicação da Lei de Deus e quando ele compreende, antecipadamente, a vida espiritual.***

O verdadeiro homem de bem é o que pratica a lei de justiça, de amor e de caridade na sua maior pureza. Ao interrogar sua consciência sobre os atos que praticou, ele se perguntará se não violou essa lei, se realmente não praticou o mal, se fez todo bem que estava ao seu alcance, se ninguém tem do que se queixar dele, enfim, se fez aos outros tudo o que gostaria que fizessem por ele.

O homem imbuído do sentimento de caridade e de amor ao próximo faz o bem pelo bem, sem esperar recompensa, e sacrifica seu interesse à justiça. Ele é bom, compassivo e generoso para com todos, porque vê em todos os homens irmãos, sem distinção de raças ou crenças.

Se Deus lhe deu poder e riquezas, considera-os como um penhor que deve usar para o bem; não se envaidece, porque sabe que Deus, que lhos deu, pode tirá-los.

Se a organização social pôs homens sob sua dependência, trata-os com bondade e indulgência, porque são iguais a ele perante Deus; usa sua autoridade para elevar-lhes a auto-estima, não para humilhá-los com seu orgulho.

É compreensivo com as fraquezas alheias, porque sabe que ele mesmo precisa de compreensão, e se lembra destas palavras do Cristo: ***Que aquele que não tiver pecado, atire a primeira pedra!***

Não é vingativo; e, a exemplo de Jesus, perdoa as ofensas

para lembrar-se apenas dos benefícios, pois sabe ***que será perdoado como ele mesmo houver perdoado.***

Enfim, respeita, quanto aos seus semelhantes, todos os direitos que as leis da natureza lhes conferem, como gostaria que os seus fossem respeitados.

VIDA PLENA

"Tenho sido tolerante e demonstrado boa vontade para com os companheiros menos evoluídos?".

PRECE

Pai amado, que a tudo vê e provém sob sua infinita sabedoria, dai-nos a oportunidade de resgatar nossas faltas perdoando aqueles que nos prejudicam por ignorância, reconhecendo neles as imperfeições que já conseguimos superar.

Quinta-feira

Capítulo 18
MUITOS SERÃO OS CHAMADOS E POUCOS OS ESCOLHIDOS

Nem todos os que dizem: "Senhor! Senhor!" entrarão no reino dos Céus

6. Nem todos os que me dizem: "Senhor! Senhor!" entrarão no reino dos Céus, mas apenas aquele que faz a vontade de meu Pai, que está nos Céus. Nesse dia, muitos me dirão: "Senhor! Senhor!, não profetizamos em vosso nome? Não expulsamos os demônios em vosso nome, e não fizemos muitos milagres em vosso nome?". Então eu lhes direi em voz alta: "Afastai-vos de mim, vós que cometeis atos de iniquidade". (Mateus, 7:21-23).

7. Aquele, pois, que ouve estas palavras que eu digo e as pratica, será comparado a um sábio que construiu sua casa sobre a rocha. Então, quando a chuva caiu, os rios transbordaram, os ventos sopraram e se abateram sobre a casa, ela não caiu, pois estava bem alicerçada sobre a pedra. Mas aquele que ouve as palavras que eu digo e não as pratica, será como o homem insensato que construiu sua casa na areia. E quando caiu a chuva, os rios transbordaram, os ventos sopraram e se abateram sobre a casa, ela desmoronou, e foi grande a sua ruína. (Mateus, 7:24-27).

8. Aquele, pois, que violar um desses menores mandamentos e ensinar aos homens a violá-los será considerado como o último no reino dos Céus. Aquele, porém, que os cumprir e os passar adiante será grande no reino dos Céus. (Mateus, 5:19).

9. Todos os que reconhecem a missão de Jesus dizem: "Senhor! Senhor!". Mas de que serve chamá-Lo de Mestre ou Senhor, se não seguem os Seus ensinamentos? Acaso são cristãos os que o veneram com atos exteriores de devoção e, ao mesmo tempo, oferecem sacrifícios no altar do orgulho, do egoísmo, da ambição e de todas as paixões inferiores? São Seus discípulos aqueles que passam dias orando, e não são nem melhores, nem mais caridosos, nem mais indulgentes para com seus semelhantes? Não, não são, pois, assim como os fariseus, eles têm a prece nos lábios e não no coração. Pela aparência podem impressionar os homens, mas não a Deus. Em vão dirão a Jesus: "Senhor, nós profetizamos, ou seja, ensinamos em vosso nome; expulsamos os demônios em vosso nome; bebemos e comemos convosco". Ele lhes responderá: "Não sei quem sois. Afastai-vos de mim, vós que cometeis iniquidades; vós que, com vossas palavras, desmentis os vossos atos, que caluniais vosso próximo, que espoliais as viúvas e cometeis adultério. Afastai-vos de mim, vós, cujo coração destila ódio e fel; vós, que derramais o sangue dos vossos irmãos em meu nome, que fazeis correr lágrimas ao invés de enxugá-las. Para vós, haverá choro e ranger de dentes, pois o reino de Deus é para os que são mansos, humildes e caridosos. Não espereis aplacar a justiça do Senhor com vossa lábia e vossas bajulações. O único caminho que se abre para encontrardes a graça perante Ele é a prática sincera da Lei do Amor e da Caridade".

As palavras de Jesus são eternas, porque são a verdade. Elas são não apenas a salvaguarda da vida celeste, mas também a garantia da paz, da tranquilidade e da estabilidade nas coisas da vida terrena. Eis por que todas as instituições humanas, políticas, sociais e religiosas que se apoiarem nessas palavras serão estáveis como a casa construída sobre a rocha. Os homens as conservarão porque nelas encontrarão sua felicidade. Mas as palavras que as distorcerem serão como a casa construída na areia: o vento das transformações e o rio do progresso as arrastarão.

O LIVRO DOS ESPÍRITOS

657. Os homens que se entregam à vida contemplativa, que

não fazem mal algum e só pensam em Deus, têm algum mérito perante Ele?

- *Não, porque se não fazem o mal, também não fazem o bem. Aliás, não fazer o bem já é um mal. Deus quer que se pense n'Ele, mas não que só se pense n'Ele, pois deu ao homem deveres a cumprir na Terra. Quem se consagra inteiramente à meditação e à contemplação, aos olhos de Deus nada faz de meritório, porque sua vida é completamente pessoal e inútil para a humanidade, e Deus lhe pedirá contas do bem que não tiver feito. (640)*

VIDA PLENA

"Tenho sido sensato ao observar as lições da escola da vida? Tenho valorizado o livro das provas que chegam às minhas mãos? Tenho aproveitado a reencarnação como uma abençoada bolsa de estudos?".

PRECE

Senhor, que as nossas ações nesta existência sejam transformadas em benefício aos nossos semelhantes e que a nossa adoração a vós nunca estacione no terreno da contemplação.

Sexta-feira

Capítulo 19

A FÉ TRANSPORTA MONTANHAS

Parábola da figueira que secou

8. Quando saíam de Betânia, Jesus teve fome. E, vendo ao longe uma figueira, foi até ela para ver se encontrava algum fruto. Aproximando-se dela, encontrou apenas folhas, pois não era época de figos. Então, disse à figueira: "Que ninguém mais coma de ti nenhum fruto"; e Seus discípulos ouviram isso. Na manhã seguinte, ao passarem pela figueira, perceberam que ela havia secado até a raiz. E Pedro, lembrando-se das palavras de Jesus, Lhe disse: "Mestre, vede como a figueira que amaldiçoastes secou". Jesus, tomando a palavra, lhe disse: "Tende fé em Deus, porque, em verdade, vos digo que todo aquele que disser a esta montanha: 'Ergue-te daí e lança-te no mar', sem hesitar no coração e crendo firmemente que tudo o que disser acontecerá, ele o verá de fato acontecer." (Marcos, 11:12-14, 20-23).

9. A figueira seca simboliza as pessoas que são bondosas apenas na aparência, mas que na realidade nada produzem de bom; simboliza os oradores que têm mais brilho do que solidez, e cujas palavras têm um verniz superficial: agradam aos ouvidos, mas, quando as analisamos, nada encontramos de proveitoso para o coração e, após tê-las ouvido, nos perguntamos o que de bom tiramos delas. É também a imagem das pessoas que, tendo meios para ser úteis, não o são. É a imagem de todas as utopias, de todos os sistemas vazios e de

todas as doutrinas sem base sólida. Na maioria das vezes, o que falta é a verdadeira fé, a fé produtiva, a fé que agita as fibras do coração. Em resumo: a fé que transporta montanhas. São árvores que têm folhas, mas não têm frutos. Eis por que Jesus as condena à esterilidade, pois dia virá em que secarão até a raiz, ou seja, que todos os sistemas, todas as doutrinas que não tiverem produzido algum bem para a humanidade, cairão no nada; que todos os homens voluntariamente inúteis, por não terem utilizado os recursos de que dispunham, serão tratados como a figueira que secou.

10. Os médiuns são os intérpretes dos espíritos; suprem os mecanismos materiais que lhes falta para que possam nos transmitir suas instruções. Eis por que são dotados de faculdades para esse fim. Nestes tempos atuais de renovação moral, eles têm uma missão especial: são as árvores que devem fornecer o alimento espiritual aos seus irmãos, devendo, portanto, multiplicar-se, para que o alimento seja abundante; são encontrados por toda parte, em todos os países, em todas as classes sociais, entre ricos e pobres, entre grandes e pequenos, para que não haja deserdados e para provar aos homens que *todos são chamados*. Mas, se desviam-se de seu objetivo providencial, se utilizam a preciosa mediunidade que lhes foi concedida para servir a interesses mundanos, se, ao invés de frutos salutares, dão maus frutos, se recusam-se a torná-la proveitosa para os outros, se dela não tiram proveito para sua própria melhoria, são como a figueira estéril. Deus então lhes retirará o dom que tornou-se inútil em suas mãos, ou melhor, a semente que não souberam fazer frutificar, e os deixará que se tornem presas dos maus espíritos.

O LIVRO DOS ESPÍRITOS

575 As ocupações comuns nos parecem mais deveres do que missões propriamente ditas. A missão, segundo a ideia associada a essa palavra, tem um cunho de importância menos exclusivo e, principalmente, menos pessoal. Sob este ponto de vista, como se pode reconhecer que um homem tem uma missão real na Terra?

- Pelas grandes coisas que realiza, pelos progressos a que incentiva seus semelhantes.

576. Os homens que têm uma missão importante estavam predestinados a isso antes do seu nascimento, e dela têm consciência?

- Às vezes, sim. Na maioria das vezes, porém, o ignoram. Ao vir para a Terra, só têm um vago propósito; sua missão se delineia após o nascimento e de acordo com as circunstâncias. Deus os conduz ao caminho onde devem cumprir seus desígnios.

VIDA PLENA

"Tenho consciência de que, na maioria das circunstâncias, posso servir de intermediário entre o Criador e as necessidades dos meus semelhantes?".

PRECE

Bons espíritos, se nesta existência eu puder ser útil em alguma tarefa que julgais necessária e do meu merecimento, que eu a faça com a vossa orientação e segundo os princípios do coração e da responsabilidade.

Sábado

Capítulo 20

OS TRABALHADORES DA ÚLTIMA HORA

1. (...) Assim, os últimos serão os primeiros e os primeiros serão os últimos, porque muitos são os chamados e poucos os escolhidos. (Mateus, 20:1-16. Veja também: ***Parábola do banquete de núpcias***, capítulo 18, número 1, de ***O Evangelho Segundo o Espiritismo***).

Instruções dos espíritos
MISSÃO DOS ESPÍRITAS

4. Não percebeis a tempestade que se forma para arrebatar o velho mundo e reduzir ao nada todas as perversidades terrenas? Ah! Bendizei o Senhor, vós que depositastes vossa fé na Sua soberana justiça. E, como novos apóstolos da crença revelada pelas vozes proféticas superiores, ide pregar o conceito da ***reencarnação*** e da elevação dos espíritos, conforme tenham eles cumprido bem ou mal as suas missões, e suportado as provas terrenas.

Não vacileis! As línguas de fogo[1] estão sobre vossas cabeças. Ó, verdadeiros adeptos do espiritismo, sois os eleitos de Deus! Ide e pregai a palavra divina. É chegada a hora em que deveis sacrificar hábitos, trabalhos e ocupações fúteis em favor da di-

1 Línguas de fogo: Alusão à manifestação mediúnica ocorrida no dia de Pentecostes, em que os apóstolos falavam idiomas desconhecidos. Alguns videntes presenciaram esse fenômeno, que é explicado perfeitamente pela doutrina espírita. (Veja *Atos*, 2:2-13 e 3:17, no *Novo Testamento*).

vulgação dessa palavra. Ide e pregai: os espíritos do Alto estão convosco. Certamente falareis a pessoas que não quererão ouvir a voz de Deus, porque essa voz as convoca à abnegação constante. Pregareis o desprendimento aos avarentos, a abstinência aos devassos, a mansidão aos tiranos do lar e aos déspotas. Palavras perdidas, eu sei, mas o que importa! É preciso regar com vosso suor o terreno que deveis semear, pois ele só frutificará sob os esforços da enxada e do arado evangélicos. Ide e pregai!

Sim, todos vós, homens de boa-fé que reconheceis vossa pequenez ao observar os mundos que se espalham pelo Infinito, parti em cruzada contra a injustiça e a maldade. Ide e acabai com o culto do bezerro de ouro, que se alastra cada vez mais. Ide, Deus vos conduz! Homens simples e incultos, vossas línguas se soltarão e falareis como nenhum orador fala. Ide e pregai, e as populações atentas receberão felizes vossas palavras de consolo, fraternidade, esperança e paz.

Que importam as armadilhas que forem colocadas no vosso caminho? Apenas os lobos caem em armadilha de lobos. O pastor sabe proteger suas ovelhas dessas cruéis ciladas.

Ide, homens grandiosos aos olhos de Deus, pois, mais felizes do que São Tomé, acreditais, sem precisar ver, e aceitais os fenômenos da mediunidade, ainda que jamais tenhais conseguido manifestá-los. Ide, o Espírito de Deus vos conduz! Marchai adiante, legião imponente pela vossa fé! Os grandes batalhões de incrédulos se dissiparão diante de vós, como as névoas da manhã se desvanecem com os primeiros raios do sol nascente.

"A fé é a virtude que remove montanhas", disse-vos Jesus. Porém, mais pesada do que a maior das montanhas, é a impureza que habita o coração dos homens, com todos os seus vícios. Parti, pois, com coragem para remover essa montanha de maldades, das quais as gerações futuras só ouvirão falar como sendo uma lenda, da mesma maneira que vós só conheceis muito vagamente o período que antecedeu à civilização pagã.

Sim, em todos os pontos do globo vão explodir revoluções morais e filosóficas. Aproxima-se a hora em que a luz divina brilhará sobre os dois mundos.

Ide, pois, e levai a divina palavra: aos grandes, que a menosprezarão; aos eruditos, que dela exigirão provas; aos simples e pequeninos, que a aceitarão, porque é principalmente entre os sacrificados pelo trabalho, esta expiação terrena, que encontrareis o fervor e a fé. Ide! Estes sim receberão com cânticos de ação de graças, e entoando louvores a Deus, a abençoada consolação que lhes oferecerdes, e se curvarão, rendendo-lhe graças pela provação de suas misérias terrenas.

Que a vossa legião se arme de coragem! Mãos à obra! O arado está pronto e a terra espera. É preciso trabalhar.

Ide, e agradecei a Deus pela gloriosa tarefa que vos confiou. Mas não vos esqueçais de que entre os chamados para o espiritismo, muitos se desviaram do percurso. Prestai atenção, portanto, e segui o caminho da verdade.

Perguntareis: "Se muitos dos chamados para o espiritismo se desviarão do caminho, por que sinal se poderá reconhecer os que estão no caminho certo?".

Respondemos: Vós os reconhecereis pelos princípios de verdadeira caridade que professarem e praticarem. Vós os reconhecereis pela quantidade de aflitos a quem levarem consolo; pelo amor que dedicarem ao próximo, por sua abnegação, por seu desprendimento pessoal; e, finalmente, pelo triunfo de seus princípios, pois Deus deseja que Sua Lei triunfe. Os que a seguem são, pois, os Seus eleitos, e a estes Deus dará a vitória, mas arrasará os que deturpam o espírito dessa Lei e utilizam-na como um meio para satisfazer sua vaidade e sua ambição. (ERASTO, anjo da guarda do médium, Paris, 1863).

O LIVRO DOS ESPÍRITOS

132. Qual é o objetivo da encarnação dos espíritos?

- Deus lhes impõe a encarnação com o objetivo de fazê-los chegar à perfeição. Para uns, é uma expiação; para outros, é uma missão. Para alcançar essa perfeição, porém, devem sofrer todas as vicissitudes da existência corporal: nisso reside a expiação. A encarnação tem também um outro objetivo: pôr o espírito em condições de assumir sua parte na obra da Criação. É para realizá-la que, em cada mundo, ele habita um corpo em harmonia com a matéria essencial desse mundo, para nele executar, desse ponto de vista, as ordens de Deus, de tal forma que, colaborando para a obra geral, ele próprio progride.

A ação dos seres corpóreos é necessária à marcha do Universo, mas Deus, em sua sabedoria, quis que, nessa mesma ação, eles encontrassem um meio de progredir e de aproximar-se Dele. É assim que, por uma admirável lei da sua providência, tudo se encadeia, tudo é solidário na natureza.

VIDA PLENA

"Sei do perigo que representa ter conhecimento das verdades espirituais, sem cultivá-las na vida prática?".

PRECE

Senhor, obrigado pela oportunidade de compor as fileiras da vossa seara. Que meu trabalho seja sempre realizado com alegria e entusiasmo, pois sabemos que somos aqueles trabalhadores que por último chegaram, mas que temos ainda muito a ser feito.

Domingo

Capítulo 21

HAVERÁ FALSOS CRISTOS E FALSOS PROFETAS

Conhece-se a árvore pelos frutos

3. Ficai atentos para que ninguém vos engane, pois muitos virão em meu nome, dizendo: "Eu sou o Cristo", e enganarão a muitos.
E surgirão muitos falsos profetas que enganarão a muitas pessoas; e, por multiplicar-se a maldade, a caridade de muitos esfriará. Mas aquele que perseverar até o fim será salvo. Então, se alguém vos disser: "Eis que o Cristo está aqui, ou ali", não lhe deis crédito, pois surgirão falsos cristos e falsos profetas que farão tantos prodígios e coisas espantosas, que enganarão, se possível for, até mesmo aos próprios escolhidos. (Mateus, 24:4-5, 11-13, 23-24; Marcos, 13:5-6, 21-22).

Instruções dos espíritos
OS FALSOS PROFETAS

8. Se alguém vos disser: "Cristo está aqui", não vades procurá-lo. Ao contrário, ficai atentos, pois numerosos serão os falsos profetas. Não vedes que as folhas da figueira começam a branquear? Não vedes seus numerosos brotos aguardando a época da floração? Jesus não vos disse: "Reconhece-se uma árvore pelo seu fruto"? Então, se os frutos são amargos, achais que a árvore é má; se são doces e saudáveis, dizeis: "Nada de tão puro pode sair de uma fonte má".

É assim, meus irmãos, que deveis julgar; o que deveis examinar são as obras. Se aqueles que dizem estar revestidos do poder divino tiverem consigo todos os sinais de semelhante missão, ou melhor, se possuírem, no mais alto grau, virtudes cristãs e eternas, como a caridade, o amor, a indulgência e a bondade, que unem todos os corações, e se, confirmando suas palavras, acrescentarem os atos, então podereis dizer: “Estes são realmente enviados de Deus”. Mas desconfiai das palavras melosas; desconfiai dos escribas e dos fariseus, que oram nas praças públicas, usando longas vestes; desconfiai dos que pretendem possuir o privilégio único e exclusivo da verdade!

Não, não, o Cristo não está entre eles, pois aqueles a quem envia para propagar Sua santa doutrina e regenerar Seu povo serão, a exemplo do Mestre, mansos e humildes de coração. Aqueles que devem, por seus exemplos e conselhos, salvar a humanidade, que caminha a passos largos para a perdição e vagueia por caminhos tortuosos, são, acima de tudo, modestos e humildes. Mas fugi de todo aquele que revele um mínimo de orgulho. Fugi dele como de uma praga contagiosa que contamina tudo o que toca. Lembrai-vos de que *cada criatura traz na fronte, e principalmente nos seus atos, a marca de sua grandeza ou de sua decadência.*

Ide, pois, meus filhos bem-amados! Marchai decididos, sem segundas intenções, no caminho abençoado que tomastes. Ide, continuai avançando sempre, sem nada temer! Afastai corajosamente tudo o que possa dificultar vossa caminhada rumo à eterna meta. Peregrinos, estareis somente por pouco tempo nas trevas e nas dores da provação, se vossos corações se deixarem levar por essa doce doutrina que veio revelar-vos as leis eternas e satisfazer todos os anseios de vossa alma com relação ao desconhecido.

De agora em diante, podeis dar corpo a essas efêmeras ilusões que passavam rápidas em vossos sonhos e que encantavam vosso espírito, mas nada diziam ao vosso coração. Agora, meus amados, a morte desapareceu para dar lugar ao anjo radiante que conheceis, o anjo do reencontro e da reunião! Agora, que bem cumpristes a tarefa imposta pelo Criador, nada mais tendes a temer de Sua justiça, pois Ele é pai e sempre perdoa os filhos desgarrados que clamam por misericórdia. Continuai, pois! Avançai sem cessar! Que vosso lema seja o do progresso contínuo em todos os sentidos, até chegardes ao final feliz, onde vos aguardam todos os que vos precederam. (Luís, Bordéus, 1861).

O LIVRO DOS ESPÍRITOS

361. De onde provêm as qualidades morais, boas ou más, do homem?

- São as do espírito que está encarnado nele: quanto mais puro for esse espírito, mais o homem se inclina para o bem.

361a. Parece resultar daí que o homem de bem é a encarnação de um bom espírito, e o homem depravado, a encarnação de um espírito mau.

- Sim, mas é preferível dizer que se trata de um espírito imperfeito; caso contrário, poder-se-ia pensar em espíritos permanentemente maus, como aqueles a quem chamais demônios.

365. Por que homens muito inteligentes – o que permite supor que haja neles um espírito superior – algumas vezes são, ao mesmo tempo, extremamente depravados?

- É que o espírito encarnado no homem às vezes não é suficientemente puro, e ele cede à influência de outros espíritos mais imperfeitos. O espírito evolui num ritmo ascendente imperceptível, mas seu progresso não ocorre simultaneamente em todos os sentidos. Numa etapa, ele pode progredir em ciência; numa outra, em moralidade.

VIDA PLENA

“Como tenho lidado com os meus impulsos? Identifico neles a minha real situação mental e moral?”.

PRECE

Bons espíritos, livrai-me das más influências sugerindo-me bons pensamentos e boas atitudes. Alertai-me para os perigos das más companhias, de encarnados e desencarnados que se comprazem com os nossos fracassos, e para a valorização daqueles que se alegram com o nosso progresso.

Segunda-feira

Capítulo 22
NÃO SEPAREIS O QUE DEUS UNIU

Indissolubilidade do casamento

3. (...) Todavia, nem a lei civil nem os compromissos que ela impõe podem substituir a Lei do Amor, se esta lei não preside a união. Acontece então, frequentemente, que *o que se uniu à força se separa por si mesmo* e que o juramento que se pronunciou ao pé do altar torna-se um perjúrio, se foi dito como uma fórmula banal. Daí surgem as uniões infelizes, que acabam por tornar-se criminosas; dupla infelicidade que seria evitada se, entre as condições do casamento, não se esquecesse da única que o confirma perante Deus: a Lei do Amor. Quando Deus disse: "Sereis uma única carne", e quando Jesus disse: "Não separeis o que Deus uniu", isso deve ser entendido como a união segundo a Lei imutável de Deus, e não conforme a lei dos homens, sujeita a modificações.

4. A lei civil é então superficial, e deveríamos retornar aos casamentos que se guiavam pelos instintos naturais? Certamente que não! A lei civil tem por finalidade regulamentar as relações sociais e os interesses familiares, conforme as exigências das civilizações. Eis por que ela é útil e necessária, mas variável. Ela precisa ser previdente, pois o homem civilizado não pode viver como selvagem. Portanto, nada, absolutamente nada, impede que se origine da Lei de Deus. Os obstáculos ao cumprimento da lei divina surgem dos preconceitos humanos e

não da lei civil. Esses preconceitos, embora ainda sejam fortes, já perderam muito de sua influência junto aos povos esclarecidos e desaparecerão com a evolução moral, que finalmente fará com que se enxerguem os inúmeros males, faltas, e até mesmo crimes resultantes de uniões contraídas visando unicamente a interesses materiais. Um dia nos perguntaremos se é mais humano, mais caridoso, mais moral manter a união de dois seres que não conseguem viver juntos, ou restituir-lhes a liberdade, e ainda, se a perspectiva de um vínculo indissolúvel não aumenta o número das uniões irregulares.

O LIVRO DOS ESPÍRITOS

700. A igualdade numérica quase existente entre os sexos é um indicativo da proporção em que devam unir-se?

- Sim, porque na natureza tudo tem uma finalidade.

701. Qual das duas, a poligamia ou a monogamia, estão mais de acordo com a lei natural?

- A poligamia é uma lei humana cuja extinção assinala um progresso social. O casamento, segundo os desígnios de Deus, deve fundamentar-se na afeição dos seres que se unem. Com a poligamia, não existe afeição verdadeira: há apenas sensualidade.

Se a poligamia estivesse de acordo com a lei natural, talvez se tornasse universal, o que seria materialmente impossível, em vista da igualdade numérica dos sexos.

A poligamia deve ser considerada uma prática, ou legislação particular, apropriada a certos costumes e que o aperfeiçoamento social aos poucos fará desaparecer.

VIDA PLENA

"Diante da agressividade, assumo uma atitude defensiva ou busco a serenidade para não ferir nem sair ferido?".

PRECE

Senhor, que possamos estar unidos aos nossos irmãos mais pelos verdadeiros laços de amor do que pelas paixões. Mas, se essa união ocorrer pelas vias da afinidade passional, que possamos, com o tempo, transformá-la em uma união espiritual sadia e duradoura.

Terça-feira

Capítulo 23
ESTRANHA MORAL

Deixai que os mortos cuidem de enterrar seus mortos

> 7. Ele disse a um outro: "Segue-me!". Mas esse outro Lhe respondeu: "Senhor, permite que eu vá primeiro enterrar meu pai. E Jesus então falou: "Deixai que os mortos cuidem de enterrar seus mortos. E quanto a ti, vai anunciar o reino de Deus". (LUCAS, 9:59 e 60).

8. O que podem significar estas palavras: "Deixai que os mortos cuidem de enterrar seus mortos"? Considerações feitas anteriormente mostram que, na ocasião em que foram pronunciadas, não podiam expressar uma censura àquele que considerava um dever de filho sepultar o corpo de seu pai. Elas contém, pois, um sentido profundo que só com um conhecimento mais completo da vida espiritual é possível compreender.

A verdadeira vida é, na verdade, a vida espiritual. A existência terrena é apenas transitória e passageira: uma espécie de morte, se a compararmos ao esplendor e à energia da vida espiritual. O corpo não passa de uma vestimenta grosseira que reveste o espírito temporariamente; uma verdadeira corrente que o prende à Terra, ficando feliz quando dela se liberta. O respeito que se tem por um morto não é voltado para a matéria física, mas sim à lembrança que dele se guarda. É semelhante ao respeito que se tem pelos objetos que lhe pertenceram, que ele tocou, e que são guardados como relíquias por quem lhe quer bem. Era isso o que aquele homem não conseguia compreender por si só. Jesus lhe ensina, dizendo: "Não vos preocupeis com o corpo. Pensai antes no espírito. Ide propagar o reino de Deus! Ide dizer aos homens que sua pátria não está nesta terra, mas no Céu, pois somente lá está a verdadeira vida".

O LIVRO DOS ESPÍRITOS

484. Os espíritos se afeiçoam de preferência a determinadas pessoas?

- Os bons espíritos simpatizam com os homens de bem, ou capazes de melhorar-se; os espíritos inferiores, com os homens depravados ou que podem vir a sê-lo. Daí sua afeição, que é consequência da semelhança de sentimentos.

485. A afeição dos espíritos por determinadas pessoas é exclusivamente moral?

- A verdadeira afeição nada tem de carnal; mas, quando um espírito se apega a uma pessoa, nem sempre é só por afeição; uma lembrança de paixões humanas pode estar envolvida nisso.

488. Os parentes e amigos que nos precederam na outra vida têm mais simpatia por nós do que os espíritos que nos são estranhos?

- Sem dúvida, e muitas vezes vos protegem como espíritos, conforme sua capacidade.

VIDA PLENA

"Acredito plenamente em meu anjo da guarda? O que faço para senti-lo constantemente?".

PRECE

Obrigado, meu Deus, pela oportunidade que me destes de ter ao meu lado este querido amigo. Com ele, posso ter a certeza de que nunca estarei só. Que vossas bênçãos se estendam sobre ele, fortalecendo-o cada vez mais.

Quarta-feira

Capítulo 24

NÃO COLOQUEIS A CANDEIA DEBAIXO DO ALQUEIRE

Não procureis os gentios

8. Jesus enviou Seus doze apóstolos, após lhes ter dado as seguintes instruções: "Não procureis os gentios, e não entreis nas cidades dos samaritanos. Mas ide, antes, às ovelhas perdidas da casa de Israel, e, nos lugares onde fordes, pregai dizendo que o reino dos Céus está próximo". (MATEUS, 10:5-7).

9. Em várias situações Jesus prova que Sua visão não se restringe somente ao povo judeu, mas abrange toda a humanidade. Se recomendou aos Seus apóstolos que não procurassem os pagãos, não foi por dar pouca importância à sua conversão, o que seria pouco caridoso, mas porque os judeus, que acreditavam no Deus único e esperavam o Messias, já estavam preparados, pela lei de Moisés e pelos profetas, para receber Sua palavra. Entre os pagãos, tudo ainda estava por fazer, já que faltava-lhes até a base. Portanto, os apóstolos ainda não estavam suficientemente esclarecidos para uma tarefa tão árdua. Por isso é que Jesus lhes diz: "Ide às ovelhas desgarradas de Israel", ou seja, "ide semear num terreno já desbravado", porque sabia que a conversão dos gentios ocorreria no devido tempo. Mais tarde, realmente, foi no próprio centro do paganismo que os apóstolos foram plantar a cruz.

10. As mesmas palavras podem ser aplicadas aos adeptos e aos propagadores do espiritismo. Os incrédulos sistemáticos, os questionadores obstinados, os adversários interesseiros, são para eles o que os gentios eram para os apóstolos. E, seguindo o exemplo dos apóstolos, devem procurar, primeiramente, fazer adeptos entre as pessoas de boa vontade que almejam a luz, nas quais se encontra um gérmem fecundo de fé, e cujo número é grande. Que não percam tempo com aqueles que se recusam a ver e a ouvir, e que, por orgulho, obstinam-se cada vez mais, na medida em que se dá importância à sua conversão. Mais vale abrir os olhos a cem cegos que desejam enxergar com clareza, do que a um só que se satisfaz com a escuridão. Disso resultará o número dos defensores da doutrina. Deixar os outros em paz não significa indiferença, mas boa política. Quando estiverem dominados pela opinião geral e ouvirem a mesma coisa sendo repetida continuamente ao seu redor, a vez deles chegará. Então, julgarão que estão aceitando a ideia espontaneamente, e não por influência de alguém. Além do mais, acontece com as ideias o mesmo que ocorre com as sementes: não podem germinar antes da época, nem num terreno que não tenha sido preparado. Por isso, é melhor aguardar o tempo propício e cultivar primeiro as que tiverem germinado, sob pena de fazer gorar as outras, querendo apressar a brotação.

No tempo de Jesus, tudo era limitado em razão do pensamento tacanho e materialista da época. A casa de Israel era um pequeno povoado; os gentios eram pequenos agrupamentos vizinhos. Hoje, as ideias se universalizam e se espiritualizam. A nova luz já não é privilégio de nação alguma. Para ela, não há mais barreiras, pois o seu foco está por toda parte, e todos os homens são irmãos. Os gentios também não são mais agrupamentos, mas uma opinião que encontramos em muitos lugares e sobre a qual a verdade triunfa pouco a pouco, assim como o cristianismo triunfou sobre o paganismo. Não são mais combatidos com armas de guerra, mas com a força da ideia.

O LIVRO DOS ESPÍRITOS

779. O homem busca em si mesmo forças para progredir, ou o progresso é apenas resultado de um ensinamento?

- O homem se desenvolve por si mesmo, naturalmente; mas nem todos progridem ao mesmo tempo e do mesmo modo. É então que os mais adiantados colaboram com o progresso dos outros pelo convívio social.

780. O progresso moral sempre acompanha o progresso intelectual?

- É consequência dele, mas nem sempre o segue imediatamente. (192-365)

780a. Como o progresso intelectual pode levar ao progresso moral?

- Ao fazer com que se compreenda o bem e o mal; então, o homem pode escolher. O desenvolvimento do livre-arbítrio acompanha o desenvolvimento da inteligência e aumenta a responsabilidade pelos próprios atos.

780b. Como se explica, então, que às vezes os povos mais adiantados sejam os mais pervertidos?

- O progresso completo é a meta, mas os povos, assim como os indivíduos, só passo a passo a alcançam. Enquanto seu senso moral não se tenha desenvolvido, eles podem até servir-se da sua inteligência para praticar o mal. O moral e a inteligência são duas forças que só com o tempo se equilibram. (365-751)

VIDA PLENA

"Tenho observado alguma mudança positiva no meu caráter em função dos conhecimentos que obtive sobre a espiritualidade? Meus valores são os mesmos de outrora? Minhas atitudes tomam novos e melhores rumos?".

PRECE

Obrigado, Senhor, pela capacidade que me destes para distinguir o bem do mal. Obrigado pela inteligência, mas ainda sinto que não sou bastante lúcido diante das escolhas e decisões graves. Dai-me essa capacidade maior de distinguir os diferentes caminhos da vida.

Quinta-feira

Capítulo 25
BUSCAI E ACHAREIS

Olhai as aves do céu

6. Não acumuleis tesouros na Terra, onde a ferrugem e os vermes tudo corroem, onde os ladrões os desenterram e os roubam. Acumulai-os no Céu, onde nem a ferrugem nem os vermes os consumirão, pois onde está vosso tesouro está também vosso coração. Eis por que vos digo: "Não vos inquieteis por não saber onde encontrareis o que comer para o sustento de vossa vida, nem de onde tirareis vestes para cobrir vosso corpo. A vida não é mais do que o alimento, e o corpo não é mais do que a veste?
Olhai as aves do céu! Elas não semeiam, não colhem, nada guardam em celeiros e, no entanto, vosso Pai Celestial as alimenta. Não sois muito mais do que elas? E qual dentre vós pode, com todos os vossos esforços, acrescentar um côvado à vossa altura? Então, por que vos inquietais também pelas vestes? Observai como crescem os lírios dos campos! Eles não trabalham nem fiam e, no entanto, eu vos declaro que nem mesmo Salomão, em toda a sua glória, jamais se vestiu como um deles. Se Deus, pois, tem o cuidado de vestir desse modo uma erva dos campos, que hoje existe e que amanhã será lançada na fornalha, que cuidado não terá em vos vestir, homens de pouca fé!
Não vos inquieteis, pois, dizendo: "O que comeremos; o que beberemos; ou com que nos vestiremos?", como fazem os pagãos que procuram todas essas coisas, pois vosso Pai sabe que tendes necessidade delas. Ao contrário, buscai primei-

ramente o reino de Deus e Sua justiça, e todas essas coisas vos serão dadas por acréscimo. Por isso, não vos inquieteis pelo dia de amanhã, pois o amanhã cuidará de si mesmo. Basta, a cada dia o seu mal. (MATEUS, 6:19-21, 25-34).

7. Interpretadas ao pé da letra, essas palavras de Jesus seriam a negação de toda a previdência, de todo o trabalho e, por conseguinte, de todo o progresso. Assim sendo, o homem se limitaria a ficar esperando passivamente: suas forças físicas e intelectuais permaneceriam inativas. Se essa fosse sua condição moral na Terra, jamais teria saído do estado primitivo. E, se fizesse dessa condição sua norma de conduta atual, só precisaria viver, sem fazer nada. Por isso, esse não pode ter sido o pensamento de Jesus, pois estaria em contradição com o que Ele disse em outras ocasiões e com as próprias leis da natureza. Deus criou o homem sem vestimenta e sem abrigo, mas deu-lhe a inteligência para fabricá-los. (Veja capítulo 14, número 6, e capítulo 25, número 2, de ***O Evangellho Segundo o Espiritismo***).

Devemos, então, considerar as palavras de Jesus apenas como uma alegoria poética da Providência Divina, que jamais abandona os que Nela confiam, mas quer que todos, por sua vez, trabalhem. Se, no entanto, nem sempre a Providência vem em auxílio com uma ajuda material, por outro lado, inspira-lhes ideias com as quais podem encontrar os meios para sair das dificuldades por si próprios. (Veja capítulo 27, número 8, de ***O Evangelho Segundo o Espiritismo***).

Deus conhece as nossas carências e a elas provê, segundo a nossa necessidade. Mas o homem, insaciável em seus desejos, nem sempre consegue contentar-se com o que tem. O necessário para ele não basta; falta-lhe o supérfluo. É então que a Providência deixa-o entregue a si mesmo. Muitas vezes, ele se torna infeliz por sua própria culpa e, por ter ignorado a voz interior que o advertia, Deus deixa-o sofrer as consequências a fim de que isso lhe sirva de lição para o futuro. (Veja capítulo 5, número 4, de ***O Evangelho Segundo o Espiritismo***).

O LIVRO DOS ESPÍRITOS

707. Muitas vezes, mesmo em meio à abundância que os cerca,

faltam meios de subsistência a alguns indivíduos; a quem devem atribuir isso?

- Ao egoísmo dos homens, que nem sempre agem como devem; a seguir, e na maioria das vezes, a si mesmos. Buscai e achareis: essas palavras não significam que basta olhar para a terra para achar o que se deseja, mas que é preciso buscar com empenho e perseverança, e não com frouxidão, sem se deixar desencorajar pelos obstáculos que, muitas vezes, são meios de pôr à prova vossa constância, vossa paciência e vossa firmeza. (534)

708. Não há situações em que os meios de subsistência não dependem, absolutamente, da vontade do homem, e nas quais a falta do terminantemente necessário é uma consequência da força dos acontecimentos?

- É uma prova, muitas vezes cruel, pela qual o homem deve passar, e à qual ele sabia que estaria exposto. Seu mérito está na sua submissão à vontade de Deus, caso sua inteligência não lhe proporcione algum meio para sair da dificuldade. Se a morte o alcançar, deve entregar-se a ela sem queixar-se, persuadido de que chegou a hora da verdadeira libertação e de que o desespero no momento final pode fazê-lo perder o fruto de sua resignação.

VIDA PLENA

"Tenho acolhido os infortunados para desfrutar da abundância dos meus recursos ou dos meus sentimentos de fraternidade? Penso na possibilidade de, a qualquer momento, me ver diante de prova semelhante?".

PRECE

Pai, se nos faltar o conforto material, que não nos falte o conforto do espírito. Diante da prova da necessidade, dai-nos a humildade e a coragem para enfrentar os obstáculos do caminho. Que nesses momentos difíceis possamos despertar para os valores da caridade e do desprendimento.

Sexta-feira

Capítulo 26

DAI DE GRAÇA O QUE DE GRAÇA RECEBESTES

Mercadores expulsos do templo

> 5. Eles vieram em seguida a Jerusalém e, tendo Jesus entrado no templo, começou a expulsar aqueles que ali vendiam e compravam. Virou as mesas dos cambistas e os bancos dos vendedores de pombos, e não permitiu que ninguém transportasse nenhum utensílio pelo templo. Também os instruiu, dizendo: "Não está escrito que minha casa será chamada, por todas as nações, casa de oração? E, no entanto, fizestes dela um covil de ladrões". E os escribas e príncipes dos sacerdotes, ouvindo isso, procuravam um meio de prendê-Lo, pois temiam-No, uma vez que todo o povo estava tomado de admiração por Sua doutrina. (Marcos, 11:15-18; Mateus, 21:12 e 13).

6. Jesus expulsou os mercadores do templo. Com isso, condenou o comércio das coisas santas, ***sob qualquer forma.*** Deus não vende Sua bênção, nem Seu perdão, nem a entrada no reino dos Céus. Portanto, o homem não tem o direito de exigir que se pague por eles.

Mediunidade gratuita

7. Assim como os apóstolos, que também possuíam mediunidade, os médiuns modernos receberam de Deus um dom gratuito: o dom de serem intérpretes dos espíritos, a fim de

instruírem os homens, mostrar-lhes o caminho do bem e conduzi-los à fé, e não para vender-lhes palavras que não lhes pertencem, porque não são produto de suas *concepções, nem de suas pesquisas, nem de seu trabalho pessoal.* Deus deseja que a luz chegue a todos. Ele não quer que o mais pobre fique dela desprovido e possa dizer: "Não tenho fé, porque não pude pagar por ela. Não tive o consolo de receber encorajamento e testemunhos de afeição daqueles por quem choro, pois sou pobre". Eis por que a mediunidade não é um privilégio e se encontra por toda parte. Cobrar por ela seria, pois, desviá-la de seu objetivo providencial.

O LIVRO DOS ESPÍRITOS

533. Se lhes pedirmos com persistência, os espíritos podem fazer com que consigamos riquezas?

- Algumas vezes, como prova; mas, na maioria das vezes, não concordam, como não concordamos em satisfazer um pedido imprudente de uma criança.

533a. São os bons ou os maus espíritos que concedem esses favores?

- Tanto estes como aqueles; depende da intenção. Na maioria das vezes, porém, são espíritos que querem induzir-vos ao mal e encontram um meio fácil para isso nos prazeres que a riqueza proporciona.

534. Quando alguns obstáculos parecem opor-se inevitavelmente aos nossos projetos, isso se deve à influência de algum espírito?

- Algumas vezes é por influência dos espíritos; na maioria dos casos, porém, vós é que planejais mal. A posição e o caráter influem muito. Se vos obstinais num caminho que não é vosso, a culpa não é dos espíritos; vós é que sois vosso próprio gênio mau.

VIDA PLENA

"Tenho agido com ética no trabalho profissional tanto quanto acredito ser ético na vida espiritual?".

PRECE

Bons espíritos, que possamos ser coerentes e honestos diante dos obstáculos que surgirem diante do nosso ideal de servir ao próximo. Que possamos nesses momentos ser fortes, mantendo a dignidade e a confiança na Sabedoria Divina.

Sábado

Capítulo 27

PEDI E OBTEREIS

Eficácia da prece

5. O que quer que pedirdes em vossa prece, crede que vos será concedido. (Marcos, 11:24).

Ação da prece. Transmissão do pensamento

9. A prece é uma invocação. Ao recitá-la, entramos em contato, por pensamento, com o ser a quem nos dirigimos. Ela pode ter por objetivo um pedido, um agradecimento ou um louvor. Podemos orar por nós mesmos, por outras pessoas, pelos vivos e pelos mortos. As preces dirigidas a Deus são ouvidas por espíritos encarregados da execução da vontade de nosso Pai, e as que são dirigidas aos bons espíritos são reportadas a Deus. Quando oramos a outros seres, e não diretamente a Deus, estes são apenas intermediários que intercedem por nós, pois nada se pode fazer sem a vontade de Deus.

10. O espiritismo nos permite compreender a atuação da prece, ao explicar como se efetua a transmissão do pensamento, quer o ser invocado atenda ao nosso apelo, quer nosso pensamento chegue até ele. Para compreendermos como isso acontece, precisamos imaginar todos os seres, encarnados e desencarnados, mergulhados no fluido universal que ocupa o

Espaço, tal como nós, aqui na Terra, estamos envolvidos pela atmosfera. Esse fluido recebe um impulso da vontade; ele é o transmissor do pensamento, como o ar é o condutor do som, com a diferença de que as vibrações do ar têm um alcance limitado, ao passo que as do fluido universal estendem-se ao Infinito. Por isso, quando o pensamento é dirigido a um determinado ser, seja na Terra ou no Espaço, de encarnado a desencarnado ou de desencarnado a encarnado, uma corrente fluídica se estabelece entre um e outro, transmitindo o pensamento entre eles, como o ar transmite o som.

A intensidade dessa corrente de fluidos é proporcional à força do pensamento e da vontade de quem ora. É dessa forma que os espíritos ouvem a prece, estejam eles onde estiverem. É assim que eles se comunicam entre si e que nos transmitem suas sugestões. É assim também que estabelecem, à distância, relações entre os encarnados.

Essa explicação é destinada, sobretudo, àqueles que não conseguem compreender a utilidade puramente espiritual da prece. Ela não tem como objetivo atribuir um valor material à oração; ao contrário, pretende fazer com que seus efeitos sejam compreendidos por quem ora, mostrando que a prece pode ter uma ação direta e efetiva, subordinada sempre à vontade de Deus, Juiz Supremo de todas as coisas, o único que pode tornar sua ação eficaz.

O LIVRO DOS ESPÍRITOS

661. Podemos proveitosamente pedir a Deus que perdoe nossas faltas?

- Deus sabe distinguir o bem do mal: a prece não encobre as faltas. Aquele que pede a Deus perdão por suas faltas, só o obtém mudando de comportamento. A melhor das preces são as boas ações, porque os atos valem mais do que as palavras.

662. Pode alguém orar eficazmente por outra pessoa?

- O espírito de quem ora atua pela sua vontade de fazer o bem. Pela prece, atrai para si bons espíritos que se associam ao bem que ele deseja fazer.

Pelo pensamento e pela vontade, possuímos em nós um poder de ação que se estende muito além dos limites de nossa esfera corporal. A prece na intenção de outra pessoa é um ato dessa vontade. Se for ardente e sincera, pode chamar em seu auxílio os bons espíritos, para que lhe sugiram bons pensamentos e lhe dêem ao corpo e à alma a força de que necessita. Mas, nesse caso também, a prece do coração é tudo, a dos lábios é nada.

VIDA PLENA

"Tenho tido a coragem de, ainda que no silêncio do meu mundo interno, aberto os meus sentimentos para Deus, revelar para mim mesmo tudo aquilo que já é do conhecimento Dele?".

PRECE

Senhor, que as nossas preces sejam sempre uma forma de olharmos com mais sinceridade para nós mesmos e para as necessidades mais urgentes dos outros.

O Sublime Peregrino

RAMATÍS / HERCÍLIO MAES

ISBN 85-7618-108-8 • Formato 14 x 21 cm • 384 pp.

Esta obra resulta da experiência direta de Ramatís — conhecido filósofo de Alexandria ao tempo de Jesus —, que foi à Palestina encontrar pessoalmente o mestre nazareno, e posteriormente colheu, nos registros akhásicos, os verdadeiros registros vivos de sua existência no planeta.

Por isso, *O Sublime Peregrino* traz com realismo cinematográfico temas nunca dantes abordados: o nascimento, a infância e o lar do menino Jesus, suas brincadeiras e preferências, sua família e gestação, sua vida quotidiana entre o povo hebreu, o cenário da Galiléia e a influência de seu povo em sua missão. Mas também focaliza como nenhuma outra obra a identidade sideral de Jesus, sua relação com o Cristo Planetário, os aspectos iniciáticos de sua missão, suas relações com os essênios. Revela detalhes inéditos sobre a figura de Maria de Nazaré e sua missão, sua gestação protegida pelas hostes angélicas e o verdadeiro cenário do nascimento do menino-luz. Traça com riqueza psicológica o verdadeiro e insuspeitado perfil de Maria de Magdala e seu encontro com o Mestre.

Além da abordagem de temas iniciáticos, como a descida angélica e a queda angélica, o grande plano e o calendário sideral, recolhe-se nesta obra a mais autêntica descrição do drama do calvário e dos últimos dias de Jesus.

O Evangelho à Luz do Cosmo

RAMATÍS / HERCÍLIO MAES

ISBN 85-7618-066-9 • Formato 14 x 21 cm • 352 pp.

Se na beleza irretocável dos ensinos e parábolas de Jesus nada pode ser acrescido ou alterado, contudo, hoje pode ser feita a leitura mais esotérica deles, e percebido o seu sentido interno e oculto, que durante séculos permaneceu velado à consciência comum da humanidade. É o objetivo da presente obra de Ramatís, que desvenda a dimensão secreta e cósmica das histórias singelas do mestre nazareno.

A evolução mental do terrícola, atualmente, já permite desvelar essa realidade mais profunda do Evangelho, que é a de se constituir uma síntese das leis cósmicas, ou a miniatura do "metabolismo" do próprio Criador.

Nesta obra de cunho iniciático, mas na linguagem cristalina e acessível característica de Ramatís, o leitor encontrará, além da interpretação mais profunda e esotérica dos preceitos evangélicos, um estudo fascinante dos temas "Deus" e "Evolução", tratados com a profundidade e clareza típicos do velho mestre da Grécia antiga.

Uma das obras mais atraentes de Ramatís, que irá conquistá-lo para o rol de seus milhares de leitores.

A Missão do Espiritismo

RAMATÍS / HERCÍLIO MAES

ISBN 85-7618-097-9 • Formato 14 x 21 cm • 256 pp.

Universalista, como a tônica original da doutrina espírita, esta obra de Ramatís examina sucessivamente os grandes movimentos religiosos — o catolicismo, o protestantismo, o budismo, a teosofia e a umbanda, e as relações do espiritismo com cada um deles, e ainda com o Evangelho, a Bíblia e a psicanálise, e a sua posição ante a homeopatia.

Ramatís delineia a missão transcedental da doutrina espírita, que, ao invés de "mais uma doutrina", sectária e exclusivista, foi prevista pelo Alto como elo de união fraterna entre crenças e religiões. Como síntese acessível ao homem contemporâneo das grandes verdades ocultas iniciáticas, possibilita ao espírito ocidental, neste século da transição planetária, efetuar a "iniciação à luz do dia".

Esta obra vem recordar a alta missão de solidariedade universal do espiritismo, como um movimento libertador de consciências, destacando sempre o ideal de fraternidade que o anima e sua alta função de atender a todas as indagações do conhecimento humano. Ao mesmo tempo, como um estudo de religiões comparadas, traz valiosas informações sobre os conteúdos dessas diversas correntes, salientando-se as preciosas informações sobre a umbanda e sua elevada missão, esquematizada pelo Alto para o Terceiro Milênio.

Mediunismo

RAMATÍS / HERCÍLIO MAES

ISBN 85-7618-086-3 • Formato 14 x 21 cm • 288 pp.

O mediunismo, tão antigo quanto a humanidade, em seus múltiplos aspectos e sutilezas, é abordado por Ramatís nesta obra, com toda a riqueza e profundidade de um mestre de sabedoria.

Todo o amplo espectro dos fenômenos mediúnicos, dos efeitos físicos à mais sutil intuição telepática, passando por temas nunca ou raramente tratados da complexa fenomenologia da mediunidade, são elucidados com a peculiar objetividade de mestre Ramatís. Longe de trilhar a senda das instruções já conhecidas sobre o tema, ele desbrava exatamente os territórios inusitados e controversos, dúbios ou intrigantes, dessa matéria que fascina o ser humano desde os primórdios de sua existência planetária.

Há trinta anos Mediunismo, em sucessivas edições, já se tornou um clássico, insubstituível para tantos quantos buscam a compreensão mais profunda do fenômeno mediúnico.

O EVANGELHO DO DIA - VOL 3

foi confeccionado em impressão digital, em maio de 2024

Conhecimento Editorial Ltda

(19) 3451-5440 — conhecimento@edconhecimento.com.br

Impresso em Luxcream 80g - StoraEnso